AF603440

RECUEIL

DE

PIÈCES DIALOGUÉES.

RECUEIL
DE PIECES DIALOGUÉES
OU
GUENILLES
DRAMATIQUES.

Ramassées dans une petite Ville de Suisse.

Par l'Auteur de CAMILLE, LAURE, &c.

TOME II.

A GENEVE,
Chez FRANÇ. DUFART, Imprimeur-Libraire.
ET À PARIS,
Chez { MOUTARD, Libraire de la Reine, rue des Mathurins.
DESENNE, Libraire, au Palais-Royal. }

M. DCC. LXXXVII.

Yf 4524

LE

MEDECIN SUISSE ALLEMAND,

SECOND PROVERBE.

ACTEURS.

LE DOCTEUR ALLEMAND.

LA FEMME DU DOCTEUR.

FRÉDERIC, interprète & pharmacien.

Madame DE VALCOUR.

Mademoiſelle DE VALCOUR ſa fille.

M. DE SURVILLE, père.

M. DE SURVILLE, fils.

UN PAYSAN.

UNE DAME malade.

UN CHAMBELLAN.

La Scène eſt en Suiſſe, dans la maiſon du Docteur, ſur la montagne, dans ſa Pharmacie.

Tout le monde ſait le moyen que le fameux Docteur MICHEL SCHUPACH *employoit pour connoître les maux de ſes malades : on prie de ſuppléer à ce qu'on craint de trop bien exprimer.*

LE MÉDECIN SUISSE ALLEMAND,

PROVERBE.

SCENE PREMIERE.

LA FEMME DU DOCTEUR, FRÉDERIC.

La Femme du Docteur.

ALLONS, Fréderic, arrangeons vîte la pharmacie, préparons les drogues avant que mon mari ſe lève & pendant qu'il déjeûne; hier au ſoir, quand il fut couché, vous ne voulûtes pas m'aider, mon ami, il eſt vrai que nous ne fûmes que quelques momens enſemble.

FRÉDERIC, *il arrange les caiſſes, les boîtes.*

Nous ſommes toujours là ſous les yeux du Docteur, il faut prendre garde, il voit ſi bien les autres, il pourroit nous voir auſſi, s'il alloit ſe douter... Allons, mettons tout en ordre; tenez; voilà la caiſſe des pillules, je crois qu'il n'y en a plus, elles ſeront bientôt faites, un peu de miel, un peu de

A ij

rhubarbe... Ce ſeigneur qui vînt hier, qui avoit un ruban bleu, il vous fit un beau préſent.

LA FEMME.

Ah! mon cher Fréderic, j'aime mieux ce que vous me dites que tout ce qu'on me donne; mais vous eûtes auſſi quelque choſe?

FRÉDERIC.

Preſque rien, quelques louis, & j'avois écrit plus de deux pages d'ordonnances. Ma foi il fait de belles cures, M. le Docteur, & ceux qui meurent nous ne les voyons pas: ſi cela continue encore quelque temps, les affaires iront bien: tenez, voilà le ſac des herbes, elles ſentent un peu le foin, ſi nous y mettions de l'abſynthe?

LA FEMME.

Oh qu'il ne faut pas faire tant de façon, les malades ſont de bonnes gens, il ne faut pas les gâter... Ce ſoir, Fréderic, tâchons d'être un peu plus long-temps enſemble lorſque tout le monde ſera retiré; nous compterons l'argent de hier & d'aujourd'hui, &...

FRÉDERIC.

Oui, l'argent, mais prenons garde que M. le Docteur ne s'apperçoive de quelque choſe, je ne voudrois pas perdre ma place; je crois que je l'entends, dépêchons-nous... Voilà les purgations, les doses sont toutes faites... Ce n'est pas lui.... ce sont les malades qui s'impatientent & qui veulent entrer, il y en a beaucoup aujourd'hui (*il crie à la couliſſe*): Il faut attendre, M. le Docteur n'est pas encore ici, il est avec les pauvres... Allons, ce sera bientôt fait, voilà les poudres pour l'estomac, celles-là ne sont pas difficiles à faire, du sucre, de la canelle, du quina; ma foi c'est une belle chose que d'être un grand médecin, il est bien habile, M. le Docteur, tout le monde accourt.

LA FEMME.

Il est bien vieux! est-ce que vous ne pourriez pas faire comme lui, mon cher Fréderic? vous êtes déjà très-savant, vous lui succéderiez, je le voudrois bien, mon ami.

FRÉDERIC.

Je pourrois aussi regarder dans les bouteilles, je n'y vois rien, mais qu'est-ce que cela fait, si par hasard je faisois quelques cures, ma réputation feroit faite, & le reste iroit tout seul; mais ces malades font bien du bruit, il faut voir.

SCENE II.

Mad. DE VALCOUR, Mlle. DE VALCOUR, la Femme du Docteur, FRÉDERIC.

Mad. DE VALCOUR.

MON ami, laiſſez-moi entrer, je vous en prie, il y a long-temps que j'attends, & ma fille eſt ſi malade.

FRÉDERIC.

Non, madame, cela ne ſe peut pas, M. le Docteur n'eſt pas encore ici, il ne faut pas entrer.

Mad. DE VALCOUR *lui donne de l'argent.*

Tenez, mon ami, voilà pour vous, laiſſez-moi ici, j'attendrai M. le Docteur.

FRÉDERIC.

Allons, aſſeyez-vous donc là & ſoyez bien tranquille, s'il vous plaît.

Mad. DE VALCOUR.

C'eſt ſans doute la femme de M. le Docteur? je ſuis bien votre très-humble ſervante, madame; M. le Docteur n'eſt pas encore levé peut-être?

LA FEMME.

Oh! madame, il eſt levé dès la pointe du jour, il prépare ſes remèdes lui-même, ensuite il va voir quelques pauvres dans le village; il a déjà guéri tout le voisinage... Madame, il donne un remède, & puis c'est fait.

(*Mademoiselle de Valcour examine beaucoup la boutique*).

Mad. DE VALCOUR.

C'est bien ce qu'on dit à Paris, je suis venue sur sa réputation, j'ai beaucoup entendu parler de lui à une de mes amies que M. le Docteur a traitée, elle étoit un peu malade imaginaire : eh bien il devina tous ses maux, & elle se trouva guérie en revenant à Paris & avec très-peu de remèdes; c'est un grand homme, madame, que M. votre mari; qu'est-ce que c'est, je vous prie, que ce grand livre ?

LA FEMME.

C'est le grand livre où il écrit toutes ses ordonnances, tous les remèdes, toutes les recettes, il y a là-dedans la santé & la vie de bien du monde; hier il vint une pauvre femme qui ne pouvoit presque pas marcher, il lui donna seulement six gouttes de ce tonneau, & tout de suite elle s'en retourna sans s'appuyer... qu'un peu sur son bâton

Mlle. DE VALCOUR.

Voyez, ma mère, que de choses singulières, des figures de bois, des pierres, des machines; qu'est-ce que c'est que cette grande mâchoire de poisson?

LA FEMME.

C'est tout pour la médecine, mademoiselle: cet os de poisson, c'est pour faire un remède très-difficile, personne n'a des remèdes comme mon mari, vous verrez, madame, vous verrez.... Mais je crois que je l'entends; oui, le voilà. Fréderic, venez pour écrire & interpréter à madame.

SCENE III.

Les Précédens, & LE DOCTEUR, *cheveux blancs, petit bonnet, gros ventre, une grosse veste ; il va se mettre à sa place devant une espece de table ou de comptoir. Il siffle.*

Mad. DE VALCOUR *regardant le Docteur.*

AH quel air vénérable! quelle belle physionomie! ces cheveux blancs, c'est la sérénité, la candeur même, réellement il fait plaisir à voir, il inspire la confiance.

Mlle. DE VALCOUR.

Oh la drôle de figure, comme il est gros & court, il est comique avec son petit bonnet & sa grosse tête.

Mad. DE VALCOUR.

Monsieur, je suis votre très-humble servante, j'ai bien du plaisir à vous voir, M. le Docteur.

LE DOCTEUR.

Ia, ia, serviteur, bouchour, matame, vous malade; eh bien, faut voir.

Mad. DE VALCOUR.

Ma fille, il demande... Tu sais bien, où est-ce quelles sont?

Mlle. DE VALCOUR.

Maman, vous ſavez bien que je n'ai pas voulu m'en mêler, je ne veux pas les voir, je ne veux pas ſavoir ce qu'il dira.

Mad. DE VALCOUR.

Vous êtes un enfant; eſt-ce qu'on ne dit pas tout à ſon médecin ? a-t-on quelque choſe de caché pour lui, (*elle cherche dans un ſac d'ouvrage*). Voilà, M. le Docteur, voyez.

LE DOCTEUR.

Ia, ia, mameſelle, mameſelle.

Mad. DE VALCOUR.

Il a d'abord deviné; oui, M. le Docteur, c'eſt ma fille qui eſt malade, vous voyez comme elle eſt pâle, elle ſort cependant d'un couvent dont l'air eſt très-bon, très-ſain, & elle n'y eſt que depuis l'âge de dix ans.

LE DOCTEUR.

Ia, ia, obſtructions, obſtructions, dix-ſept ans, mameſelle, la poitrine....

Mad. DE VALCOUR.

Oui, M. le Docteur, préciſément, quel homme! mais il faut que je vous diſe.... (*elle s'approche du Docteur & de Fréderic, elle leur parle bas*).

Mlle. DE VALCOUR *à la femme du Docteur, le Docteur écoute.*

Dites-moi, madame, eſt-ce qu'il n'eſt

pas arrivé un caroſſe où il y avoit deux Meſſieurs ? un jeune homme avec ſon père, ils ont preſque toujours été avec nous dans le voyage, ne les avez-vous point vus ? dites-le moi, je vous en prie ?

LA FEMME.

Un jeune homme d'une jolie figure ? avec un vieux Monſieur bien malade ? oui, mameſelle, ils ſont logés ici ; oh les braves gens ! les braves gens ! le jeune homme eſt charmant ; il donne tout pour ſon père.

Mlle. DE VALCOUR.

Il ne le quittoit pas un inſtant ; ſeulement quand il venoit à la portière de notre caroſſe, & lorſqu'il nous aidoit dans la route, il nous rendoit toujours quelque ſervice, nous nous promenions enſemble quand on attendoit les chevaux. Vous dites qu'ils ſont ici, eſt-ce qu'ils dîneront avec nous ?

LA FEMME.

Sans doute, mameſelle, vous connoiſſez ces Meſſieurs ?

Mlle. DE VALCOUR.

Preſque point à Paris, mais nous ſommes partis en même-temps, & nous avons fait le voyage enſemble.

FREDERIC.

Madame, M. le Docteur dit que ce ſont des obſtructions ; il croit que mademoiſelle trouvera le remède ici, il ordonnera des poudres.

Mad. DE VALCOUR.

Mais il difoit la poitrine, eft-ce que ma fille auroit mal à la poitrine, il m'a alarmée.

FREDERIC.

Il y a bien auffi quelque chofe à la poitrine, mais ce n'eft rien, c'eft le cœur qui ne va pas bien, il y a des obftructions, il ne faut point gêner mademoifelle.

Mad. DE VALCOUR.

Ma fille ne porte point de corps de baleine, rien ne la gêne, j'y ai fait attention depuis qu'elle eft malade, & ces poudres il faudra les prendre ?

FREDERIC.

Tous les matins pendant quatre mois fans difcontinuer ; *(la femme du Docteur donne les poudres)*. M. le Docteur trouve mademoifelle fort délicate, il dit qu'il ne faut pas la chagriner, la contrarier.

Mad. DE VALCOUR *qui regarde fa fille.*

Il femble réellement que ma fille fe trouve déjà mieux, elle a les yeux plus animés, c'eft un grand homme que ce médecin, il eft bien dans les bons principes de ne point gêner la circulation du fang : M. le Docteur, je vous remercie, mais je veux vous revoir avant que de partir.

FREDERIC.

Ce sera pour l'après-midi, si M. le Docteur a le temps; il demande encore si madame ne pense pas à marier bientôt sa fille.

Mad. DE VALCOUR.

Non, pas encore, dans quelque temps; nous attendons un de nos parens qui est au service depuis long-temps, qui doit bientôt se retirer, ils réuniront beaucoup de biens.

Mlle. DE VALCOUR.

Qu'est-ce que dit M. le Docteur, ma mère, vous lui parlez bien long-temps.

Mad. DE VALCOUR.

Rien, rien, ma fille; cet après-midi, donc, M. le Docteur, je vous en prie; (*en s'en allant*) il a très-bien deviné que je ne veux pas encore marier ma fille, c'est sans doute ce qui lui convient; il est singulier que l'on puisse voir cela, cet homme a les yeux perçans.

Mlle. DE VALCOUR.

Ma mère, ils sont ici, ils nous avoient quittées, mais ils sont arrivés, & ils logent ici dans la maison.

Mad. DE VALCOUR.

Qui, ma fille? que voulez-vous dire?

Mlle. DE VALCOUR.

Meſſieurs de Surville, maman, qui ont eu tant d'attention pour vous dans la route.

Mad. DE VALCOUR.

Les pauvres gens! comme ils ont l'air pauvre & miſérable.

SCENE IV.

LE DOCTEUR, SA FEMME, FRÉDERIC.

On entend crier dans la couliſſe : M. le Secretaire, c'eſt à moi d'entrer, je ſuis le plus malade, vous me connoiſſez, vous ſavez mon nom.

FRÉDÉRIC.

NON, madame la Marquiſe, ce n'eſt pas votre tour; non M. le Comte, vous ne pouvez entrer encore, dans un moment, ce payſan eſt venu le premier, il doit entrer; venez, camarade.

LE PAYSAN *entre.*

Grand merci, M. le ſecretaire, Dieu vous garde, M. le Docteur; M. le Docteur me connoît bien, je ſommes venu ici il y a tout juſtement neuf jours; j'apportons aujourd'hui les conſultations de tout le village; je ſommes venu tant vîte que j'ons pu pour cela qu'il y a des malades qui preſſent beaucoup, & pour dire à M. le Docteur il y a d'abord ma grand' mère qui prie bien le bon Dieu pour vous, depuis qu'elle boit du bon vin elle eſt toujours pu malade; elle prend cependant les remèdes dans le bon tems de la lune; auſſi y croiont qu'on l'y a jeté un ſort, M. le Docteur verra bien; j'avons auſſi perdu nos deux enfans qui étions malades, ils avont cependant bien fait les remèdes; mais le bon Dieu les a voulu ces pauvres enfans, & il les a pris; nous gardons le reſte des médecines pour le troiſième qui ſe porte bien, s'il vous plait, M. le Docteur.

LE DOCTEUR.

De la bile, rhumatiſme, rhumatiſme.... (*il parle à Frédéric.*)

LE PAYSAN.

Oh! oui, M. le Docteur, elle ne fait qu'un cri de la tête, quand elle a le froid de la fièvre; depuis qu'elle a perdu ſes deux enfans, & qu'elle prend les remèdes, elle eſt toute miſérable; elle prie bien M. le Docteur de lui dire ſi le premier enfant qu'elle aura eſt un garçon, pour ça qu'elle regrette tant celui que M. le Docteur a tant bien ſoigné.

FRÉDÉRIC.

On vous donnera des poudres & des

herbes, il faut bien boire dessus, & vous reviendrez ; madame, il faut donner les herbes Empereur & les poudres Lucifer.

LE PAYSAN.

Grand merci, M. le secretaire; ensuite pour les autres il y a le gros Colas, il n'a pu prendre que cinq paquets des poudres que je lui avons porté, parce qu'il est mort au sixième; c'est bien dommage, car ces poudres faisont beaucoup d'effet, ils ont bian dit que s'il avoit pu prendre seulement encore deux paquets, il seroit sauvé; après cela, il y a Pierre qui remercie M. le Docteur, de l'eau qu'il l'y a baillé pour les yeux, il a tant seulement perdu le plus malade; mais il voit mieux de l'autre, & il ne souffre plus depis que l'eau est finie; & pis il y a le voisin Guillaume qui s'est cassé la jambe, M. le Docteur verra bien; il voudroit tant que M. le Docteur regardât s'il sera boiteux, il en a grand peur, pour ça qu'il est tombé pendant le décroit de la lune, c'est la jambe.... ma fi j'ons oublié quelle jambe c'est; mais, M. le Docteur verra bien, c'est le rhabilleur de la montagne qui l'y a remis la jambe, sauf le respect à M. le Docteur.

FRÉDERIC

FRÉDÉRIC.

M. le Doćteur donnera des herbes pour empêcher de boiter, ça n'y fait rien quelle jambe que ce ſoit.

LE PAYSAN.

Grand merci, M. le ſecretaire, je ſarons bien prendre les remèdes comme il faut, je ſavons ça, c'eſt ſuivant la lune (*il va vers la femme prendre les remèdes.*)

LA FEMME DU DOCTEUR.

Vous avez là des remèdes & de la ſanté pour tout le village.

LE PAYSAN.

Oh! c'eſt bien vrai; combien faut-il d'argent, madame, tant pour les morts que pour ceux qui reſtent.

LA FEMME.

Rien, rien, nous ne prenons rien des payſans, ni des pauvres.

LE PAYSAN.

C'eſt bien ce qu'on m'a dit, & que le bon Dieu béniſſe M. le Doćteur : on dit cependant comme ça que les remèdes qui ne coûtiont rien ne faſont pas grand effet, c'eſt comme un ſort.

LA FEMME.

Point d'argent, point d'argent; mais ſi vous voulez apporter quelque agneau, quelques po l s, quelques fromages pour M. le Docteur, nous les prendrons pour vous faire plaisir. Adieu, mon ami.

LE PAYSAN.

Oh! je n'y manquerons pas, madame, oh! ça, Dieu vous garde, madame la Docteuse, & aussi M. le Docteur, & aussi M. le secretaire, toute la maison.

SCENE V.

LE DOCTEUR, SA FEMME, FREDERIC, M. DE SURVILLE père, M. DE SURVILLE fils.

SURVILLE fils, *en entrant & soutenant son père.*

C'EST notre tour à présent, entrons, mon père, appuyez-vous sur moi, allez doucement; voilà une chaise derrière vous, là, asseiez-vous, êtes-vous bien? M. le Docteur, mon père est très-malade, je vous prie de bien examiner son état, & d'y faire beaucoup d'attention; M. le secretaire, recommandez à M. le Docteur qu'il regarde bien.

FRÉDÉRIC.

M. le Docteur fait attention à tout le monde, il verra tout, il saura toute la maladie dans un moment.

SURVILLE FILS.

Mais il ne pourra rien voir, je ne veux pas qu'il devine, je vais lui dire....

FRÉDÉRIC.

Non, non, vous allez voir, attendez seulement,

LE DOCTEUR.

Ia, ia, vieux Monſieur, fort malade depuis long-tems?

SURVILLE Fils

Oui, Monſieur, mon père eſt bien vieux, il eſt vrai, il a tout à l'heure ſoixante ans; & c'eſt déjà depuis l'année paſſée qu'il eſt malade.

LE DOCTEUR.

Ia, ia, ſtomach, ſtomach.

SURVILLE Fils

Non.... mon père a un très-bon eſtomach, il mange avec appétit, & il digère bien.

LE DOCTEUR.

Le foie, la bile....

SURVILLE Fils

Mon père ne ſe plaint jamais de cela, ce ſont les jambes qui le font ſouffrir.

LE DOCTEUR

Ia, ia, rhumatiſme, rhumatiſme.

SURVILLE Fils.

Je ne crois pas, c'eſt une bleſſure qu'il a eu autrefois à la guerre; & comme il s'eſt beaucoup fatigué à ſa campagne, la plaie s'eſt rouverte; depuis ce tems-là il s'eſt fort affoibli, & il a preſque perdu l'uſage des jambes; M. le Docteur, je vous prie d'y faire attention: c'eſt ma vie que mon père; mon père, dites vous-même comment vous êtes, & ce que vous ſouffrez.

SURVILLE Pere.

Je ne ſouffre pas beaucoup, mon enfant, tu ſais mes maux auſſi bien que moi; dis toi-même, & laiſſe faire M. le Docteur; il y a auſſi ce bras, tu ſais bien.

LE DOCTEUR.

Ia, ia, le bras, rhumatiſme, rhumatiſme....

SURVILLE Fils.

Non, Monſieur, c'eſt un effort que mon père a fait en voulant aider un domeſtique qui étoit trop chargé; il ne ſe ménage point mon père, il ſe donne beaucoup de peine, jamais il ne veut être malade; défendez-lui tout ce qui peut lui faire du mal.

FRÉDÉRIC.

Il faut que Monſieur aille beaucoup en caroſſe, & quand il ſera mieux, qu'il monte à cheval.

SURVILLE Fils.

Hélas! Monſieur, nous n'avons point de caroſſe, point de chevaux, nous ne ſommes pas aſſez riches, nous ne pouvons pas en avoir.

FRÉDÉRIC.

Il faut manger de la volaille, toujours des poulets, boire du bon vin de Bourgogne, de Canarie.

SURVILLE Fils.

Nous ne pouvons point vivre ainſi, nous ſommes pauvres, nous avons dépenſé le peu que nous avions avec les médecins à Paris; il ne nous reſte qu'une petite ferme pour vivre, mais il n'y a qu'à la vendre.

FRÉDÉRIC.

Comment? vous êtes donc venus ici avec rien, ſans argent?

SURVILLE Fils.

Une de mes tantes m'avoit envoyé cent louis pour acheter un emploi au ſervice: on parloit tant de l'habileté de M. le Docteur, tout le monde venoit le conſulter, j'ai engagé mon père à permettre que nous emploiaſſions cet argent à faire ce voyage; j'eſpère que nous nous en trouverons bien, je n'ai rien de plus précieux au monde que la ſanté de mon père, c'eſt ma vie, mon père, vous vous porterez mieux, nous retournerons dans notre campagne; il ne nous faut rien de plus pour être heureux.

SURVILLE Pere.

Je t'ai bien dit, mon enfant, que ce voyage feroit inutile; tu veux tout facrifier pour moi, tu crois que je fuis immortel, & cet argent fera perdu.

SURVILLE Fils *au Docteur.*

Monfieur, vous ferez bien paié, je vous le promets; voyez, examinez bien, touchez un peu le pouls. (*pendant que le Docteur examine & fait fon ordonnance, il dit à la femme du Docteur.*) Madame, eft-ce que cette Demoifelle qui étoit ici tout à l'heure eft bien malade? reftera-t-elle ici longtems? quand eft-ce qu'elle repart?

LA FEMME.

Oui, Monfieur, elle eft très-malade; mais mon mari la guérira: elle a déjà fes remèdes. Oh! elle fera guérie dans peu de tems, il n'y a plus rien à lui dire, elle s'en ira aujourd'hui ou demain.

SURVILLE Fils.

Ah! bon, nous ferons encore le voyage enfemble, que je ferois heureux! elle eft adorable, mademoifelle de Valcour, & fi, mon père eſt mieux.... (*au Docteur.*) Eh bien, Monſieur !

FRÉDÉRIC.

M. le Docteur dit que M. votre père eſt encore bien bon, que vous ne devez pas craindre pour lui ; il faut ſeulement bien prendre tous les remèdes, il y en a là pour quatre mois de toutes ſortes, quoiqu'il arrive.

SURVILLE Fils.

Quel bonheur, ſi mon père peut ſe rétablir ! Monſieur, donnez-moi tout cela par écrit bien exactement, le régime, la conduite, tout ce qu'il faut faire, je vous prie.

FRÉDÉRIC.

Oui, Monſieur, je vais le copier & vous le donner tout de ſuite, c'eſt d'abord fait.

SURVILLE Fils *pendant qu'il écrit.*

Mon père, elles reſtent ici ces Dames, nous dînerons avec elles ; je crois que nous repartirons enſemble.

SURVILLE Pere.

Que tu es jeune, mon ami ! ne vois-tu pas qu'il n'y a rien à faire pour toi ? Mademoiſelle de Valcour eſt une héritière fort riche, qui eſt sûrement deſtinée à quelque grand Seigneur, ou à quelque homme opulent ; & quand tu la quitteras, tu feras peut-être bien malheureux.

SURVILLE Fils.

Cela ne fait rien, mon père, toute ma vie j'aimerai mademoiselle de Valcour; n'avez-vous pas remarqué comme elle s'est intéressée à vous, à votre santé, pendant tout notre voyage; je l'aime avec une passion...

LA FEMME *lui donne un gros paquet.*

Voilà l'ordonnance & les remèdes, il faut les faire bien exactement.

SURVILLE Fils.

Quoi! il n'y a que cela, & vous croyez que la santé de mon père se rétablira? Oh! je l'espère; Madame, voilà dix louis, je ne sais si c'est assez.

LA FEMME.

Oh! oui, oui, après il y aura le dîner, seulement quand vous partirez.

SCENE IV.

LE DOCTEUR, SA FEMME, FRÉDERIC, Madame DE PLAIGNANVILLE.

MADAME DE PLAIGNANVILLE.

Enfin, c'eſt à moi; M. le Docteur, je ſuis votre ſervante, que j'ai de plaiſir à vous voir! je ſuis enchantée de trouver enfin un médecin qui ne ſoit pas comme tous les autres, ils ont des habits, des perruques, comme des juges qui vont vous condamner à la mort; ils n'ont jamais l'air qu'on voudroit leur voir; ils ne diſent jamais tout ce qu'on voudroit entendre : voyez, quelle bonne mine! quel air content & tranquille! il ſe porte bien, il fait plaiſir à voir; ces cheveux blancs, ce bonnet, il eſt charmant ce médecin; en vérité, M. le Docteur, je voudrois vous embraſſer.

LE DOCTEUR.

Ia, ia, madame; il faut montrer ſeulement, voyons, voyons.

Mad. DE PLAIGNANVILLE.

Ah! ſans doute, je ne l'ai pardi pas oubliée, (*elle ſort de ſa poche une grande caraffe*) il n'y en a peut-être pas aſſez, car il faut bien tout voir, j'ai tant de maux. C'eſt un médecin cela, il ne vous aſſaſſine pas de queſ-ſtions, on n'a pas beſoin de lui dire tout; il ne vous touche pas le pouls comme les autres, & qui vous palpent encore. Ah ! mon Dieu, comme j'ai été palpée! vous me guérirez, M. le Docteur, vous me guérirez, j'en ſuis sûre, je ne veux pas vous quitter; je vais m'établir chez vous, & je ne m'en irai pas que je ne ſois comme à vingt ans; il eſt habile ce médecin, voyez comme il examine avec attention, comme il ſifle, réellement on s'attache à lui, je l'aime à la folie!

LE DOCTEUR.

Matame, ſtomach, ſtomach.

Mad. DE PLAIGNANVILLE.

Oh ! oui, M. le Docteur, l'eſtomach, c'eſt là qu'eſt mon mal, des rongemens quand j'ai faim.

LE DOCTEUR.

La rate, hypocondre, hypocondre.

Mad. DE PLAIGNANVILLE.

Sans doute, à la rate, mon Dieu, des tiraillemens quand je ris beaucoup.

LE DOCTEUR.

Et auſſi des obſtructions, obſtructions, beaucoup de bile, le foie....

Mad. DE PLAIGNANVILLE.

Sûrement le foie, attendez là, là, (*elle montre le côté gauche.*) je sens là les obstructions, c'est ce qui me tue, je suis quelquefois de bien mauvaise humeur; quand je m'ennuie, je sens la bile, je suis pâle. Il devine mes maux comme s'il les voyoit, ce cher Docteur! oh! il me guérira!

FRÉDÉRIC.

M. le Docteur dit aussi qu'il y a quelque chose dans les viscères.

MADAME DE PLAIGNANVILLE.

Dans les viscères! je ne savois pas les viscères; il me semble que je n'y ai jamais rien senti; mais cela viendra sûrement.

FRÉDÉRIC.

Oui, les viscères, le mésentère: il dit que madame a eu beaucoup d'enfans.

Mad. DE PLAIGNANVILLE.

Oui, beaucoup de fausses couches! il sait tout, mais tout, ce grand Docteur, j'ai un enfant de mon premier mari, & je n'en puis avoir de mon second! Ah! si mon premier mari n'étoit pas mort! Je vais vous conter comment cela est arrivé, M. le Docteur: il étoit un peu brusque mon premier mari, une fois il trouva quelqu'un dans ma chambre, c'étoit un de mes amis, le nom n'y fait rien, je ne ſais comment cela alla ; mais mon mari ſe mit dans une grande colère, il en prit une maladie violente, & il en eſt mort, je vous aſſure que c'étoit bien triſte ; ſi j'avois ſeulement pu conſulter M. le Docteur ; mais s'il me dira peut-être quelque choſe pour mon ſecond mari, il n'a pas voulu que je conſultaſſe pour lui ; il en auroit cependant bien beſoin, & ſi vous voulez, M. le Docteur, je vous dirai....

FRÉDÉRIC.

Il va vous donner des remèdes, madame.

Mad. DE PLAIGNANVILLE.

Pour mon mari, Monſieur ! Ah ! le brave homme que ce médecin ! je ſuis sûre qu'il a deviné tous ſes maux, il les aura bien vus ! Oui, mon cher Docteur, donnez-moi, je vous prie, de bons remèdes pour mon mari ; & il ne vouloit pas que je vinſſe ici, pardi, j'ai fait là une bonne affaire ; c'eſt qu'il eſt peut-être très dangereuſement malade mon mari.

FRÉDÉRIC.

Madame, les remèdes feront pour vous, il faut revenir pour Monſieur.

Mad. DE PLAIGNANVILLE.

Oh ! pour moi, Monſieur, il en faut beaucoup ; d'abord pour l'eſtomac, enſuite pour la rate, après cela pour le foie, pour la bile; il me ſemble qu'il n'y a rien pour la poitrine, M. le Docteur, voyez encore s'il n'y a rien à la poitrine, je ſens auſſi quelque choſe à la tête, il faudroit bien faire attention à tout cela; enſuite, nous verrons ce qu'il y auroit à faire pour mon mari, je ne veux pas m'en aller ſans être sûre qu'il ſera guéri; je veux m'établir ici pour en parler à mon aiſe. Je vous reverrai, mon cher Docteur.

SCENE VII.

LE DOCTEUR, FRÉDERIC & UN CHAMBELLAN, *mis fort richement, & qui a de la peine à marcher.*

LE CHAMBELLAN.

AH! c'eſt ici, M. Docteur; ſerviteur, ſerviteur, M. Docteur; (*il s'aſſied*) oui, c'eſt bien comme on m'a dit, la pharmacie, les drogues; voilà tout écrit, l'Empereur, le Frédéric, le Lucifer, vous avez de bonnes drogues, M. Docteur, de bonnes drogues pour les gens de qualité; je viens de loin pour vous conſulter, fort malade moi, fort malade.

FRÉDÉRIC.

M. le Comte, n'avez-vous pas apporté la consultation? vous savez bien.

LE CHAMBELLAN.

Oh! j'ai pas apporté moi-méme, un homme comme moi apporte rien soi-méme. Christophle, apporte la consulte, & vous, M. le Docteur, regarte bien, moi fort malate, fort malate.

LE DOCTEUR.

Ia, ia, gout, gout, her landsmann. (*il sifle*)

LE CHAMBELLAN.

Voyez comme il sifle; jamais un médecin n'a siflé devant moi, voyez-vous pas ce que je suis, pardié, vous devez pien voir.

LE DOCTEUR.

Ia, ia, stomach, stomach.

LE CHAMBELLAN.

Oui, M. Docteur, stomach; mais stomach d'un Comte d'Empire, savez-vous, il y a trente ans que je suis Chambellan, M. Docteur; & puis grand Maréchal de Cour, Général, Conseiller intime, & Chevalier Commandeur des Ordres de son Altesse Sérénissime, Monseigneur le Landgrave de Furstembach, Crautemberg, Drinkenfurst; je fais les honneurs de la table de Monseigneur, j'ai toujours bien ſervi, voyez-vous pas ?

LE DOCTEUR.

Ia, ia, mal dans les reins, dans les jambes.

LE CHAMBELLAN.

Ah ! ſans doute, dans les reins, dans les jambes ! c'eſt que moi point pouvoir aller à la Cour de ſon Alteſſe Séréniſſime Monſeigneur le Landgrave, c'eſt là le malheur ; je ſuis comme un diſgracié, c'eſt ce qui fait beaucoup de mal ; moi je dois être toujours à la cour cinq ou ſix heures ſur mes jambes, & attendre Monſeigneur ; & quand elle a l'air fâché, & qu'elle ne parle pas à moi, alors le tremblement, M. Docteur, le tremblement ; cependant toujours bien faire les honneurs de la table, bien faire boire le vin de Bourgogne de ſon Alteſſe Séréniſſime Monſeigneur le Landgrave.

FRÉDÉRIC.

M. le Docteur va faire une ordonnance ; il dit qu'il faudra que votre Excellence prenne les eaux de Schvalbach.

LE CHAMBELLAN.

Eh j'aime pas les eaux moi, j'en bois jamais ; il faut que je diſe, il y a trois mois que ſon Alteſſe Séréniſſime Monſeïgneur, elle ne m'a plus nommé pour être de la chasse avec elle, & moi tomber tout-à-fait malate; après cela quand j'ai voulu retourner à la cour, je n'ai point pu me tenir sur me. jambes quatre ou cinq heures comme c'est mon devoir; c'est un grand malheur, M. Docteur, il faut me guérir bien vîte à cause du gala pour le jour de naissance, il faut que je sois absolument...

FRÉDÉRIC.

Avec les remèdes de M. le Docteur, on est d'abord guéri; on vous en donnera beaucoup.

LE CHAMBELLAN.

Que je puisse seulement aller à la Cour, & être là quand Monseigneur elle sort de son cabinet, faire mon service comme les autres Officiers de Cour, & aussi les honneurs de la table; si je puis pas être au moins près du cheval de Monseigneur, le matin quand elle va à la chasse, & le soir près de son chaise quand elle joue, j'aime autant mourir, M. le secretaire.

FRÉDÉRIC.

M. le Docteur fera ce qu'il pourra.

LE CHAMBELLAN.

Si je puis pas aller à la Cour, & être là cinq ou six heures debout, comme il faut, je serai

ſerai obligé de vivre avec ma femme & mes enfans comme un bourgeois, c'eſt un grand malheur ça.

SCENE VIII.

Les Précédens, Mad. DE VALCOUR.

MADAME DE VALCOUR *entre en courant.*

AH! M. le Docteur, venez voir ma fille, je vous en prie, elle eſt dans un état effraïant.

FRÉDÉRIC.

Monſieur le Docteur ne va point voir les malades, madame, il faut qu'ils viennent ici, ou qu'ils envoient...

MADAME DE VALCOUR.

Mais c'eſt impoſſible dans ce moment, elle eſt trop mal, je n'ai pas voulu qu'elle revît ce jeune homme qui eſt arrivé ici avec nous; ce ſont des gens pauvres qui ne nous conviennent pas: j'ai dit à ma fille que nous allions repartir tout de ſuite, & que nous ne les reverrions plus; elle a des maux de nerfs, j'ai appelé du ſecours, le jeune homme eſt venu, ma fille eſt tombée dans une eſpèce d'évanouiſſement, je l'ai laiſſée entre les mains de ma femme de chambre, je vous prie de venir à ſon ſecours, je crains des convulſions.

FREDERIC.

M. le Docteur dit qu'il ne ſera pas difficile de guérir mademoiſelle, ſi vous voulez.

MADAME DE VALCOUR.

Mon Dieu, ſans doute, je lui ferai prendre tous les remèdes que vous voudrez.

LE CHAMBELLAN.

M. Docteur, je vous prie de donner mes remèdes d'abord, je ſuis preſſé, il faut que je ſois guéri pour le jour de naiſſance de ſon Alteſſe Séréniſſime Monſeigneur le Landgrave; diable, je voudrois pas manquer.

FREDERIC.

Madame, M. le Docteur dit qu'il faut laiſſer mademoiſelle votre fille tranquille, il croit que le mal ſera paſſé; il faut penſer à la marier, & ne pas s'oppoſer....

Mad. DE VALCOUR.

Je ne m'oppoſe point, elle ſait bien que dans quelque tems elle épouſera un homme qui me convient tout-à-fait; elle fera un très-bon mariage.

FREDERIC.

Mademoiselle est trop malade pour attendre....

LE CHAMBELLAN.

Ni moi non plus je peux pas attendre, il faut que j'aille vîte faire ma cour à son Altesse Sérénissime Monseigneur le Landgrave, il y a bien long-tems que j'ai pas fait, je suis peut-être tout-à-fait disgracié.

FREDERIC.

M. le Chambellan, voilà vos remèdes, il faut les prendre tout de suite.

LE CHAMBELLAN.

Moi point prendre cela moi-même, il faut donner à Christophle; Christophle, prends les remèdes, je paierai. Ah ça, si je puis pas faire ma cour comme il faut sur mes jambes & les honneurs de la table, j'écrirai à M. le Docteur.

SCENE XI.

LE DOCTEUR, Mad. DE VALCOUR, Mlle. DE VALCOUR, *soutenue par* SURVILLE fils, *& par une femme-de-chambre, on l'assied.*

Mad. DE VALCOUR.

MAIS, voilà ma fille que l'on amène ici, mon Dieu, dans quel état elle est, elle est mourante, elle est sans mouvement; M. le Docteur, donnez-lui quelque chose, je vous en prie? (*on s'empresse de la faire revenir*) Oh Ciel! elle prend des convulsions, c'en est fait, je suis au désespoir; qu'est-ce que dit M. le Docteur.

FREDERIC.

Il dit que mademoiselle est très-mal, il faut prendre garde quand elle reviendra, & ne lui rien dire qui lui fasse de la peine.

SURVILLE FILS.

Madame, je ne puis vous cacher plus long-tems ce qui se passe; je n'ai pu voir mademoiselle votre fille sans prendre pour elle une passion qui ne finira qu'avec ma vie; j'ai eu le bonheur de lui inspirer un peu de retour, oui, madame, il est vrai, nous nous aimons, s'il ne falloit sacrifier que moi, jamais je n'aurois parlé; mais dans l'état où elle eſt, je ne puis laiſſer ignorer mes ſentimens & les ſiens.

Mlle. DE VALCOUR.

Oui, ma mère, j'oſe vous l'avouer, j'aime M. de Surville, j'ai vu chez lui tant de mérite, tant de vertus que je crois mon bonheur attaché à notre union : dans l'état où je ſuis, je dois vous en inſtruire, vous ſavez que je n'ai rien de caché pour vous.... je ſuis d'une foibleſſe.... je ſens une émotion.... Ma mère, décidez de ma vie.

Mad. DE VALCOUR.

Mais, ma fille, penſez donc à ce que vous faites, il n'y a que quelques jours que vous connoiſſez Monſieur, vous ſavez nos arrangemens, vous ne voulez pas me mettre au déſeſpoir, & nous ne ſommes pas venues ici pour cela; M. le Docteur, donnez-lui quelque choſe, je vous en prie?

FREDERIC.

M. le Docteur dit qu'il faut lui laiſſer prendre ce qu'elle veut, ou mademoiſelle pourroit bien mourir.

Mlle. DE VALCOUR.

Non, ma mère, je ne mourrai point, je traînerai peut-être une vie malheureuſe; vous êtes venue ici pour ma ſanté, mon bonheur eſt-il donc moins eſſenciel? Oui, ma mère, il s'agit de mon bonheur, mon cœur ne peut plus s'en défendre !

SURVILE FILS.

Ah ! madame, pouvez-vous réſiſter à mademoiſelle votre fille ! il eſt vrai que je ſuis ſans fortune ; mais je voudrois lui conſacrer mille vies, la mienne eſt trop peu de choſe ; juſqu'au dernier ſoupir j'adorerai mademoiſelle de Valcour.

Mad. DE VALCOUR.

En vérité, tout ceci eſt d'un embarras inſupportable, je ne ſais quel parti prendre... il me ſemble, ma fille, que vous êtes mieux.

Mlle. DE VALCOUR.

Oui, ma mère, je ſuis mieux; mais vous me réduirez au déſeſpoir ſi vous vous oppoſez aux ſentimens que m'a inſpiré M. de Surville ; ſi vous voulez ma vie, approuvez notre union ; nous retournerons tous à Paris, nous vivrons enſemble, nous conſacrerons notre vie à vous obéir & à vous plaire ; ſi vous n'avez contre Monſieur que ſon manque de fortune, vous ne réſiſterez pas ; vous ſavez que la mienne eſt ſuffiſante, & nous pouvons tous être heureux.

SURVILLE FILS.

Ah madame! ah mademoiſelle! comment vous exprimer?....

FREDERIC.

M. le Docteur dit que mademoiſelle pourroit bien mourir par les chemins ſi madame s'oppoſe....

Mlle. DE VALCOUR.

Non, ma mère, ne le croyez pas, je ſaurai vivre malheureuſe, & ſi mon bonheur coûte trop au vôtre, je préfère de mourir mille fois.

Mad. DE VALCOUR.

Vous comprenez, ma fille, que je ne ſuis point préparée à tout cela; ce parent que je voulois arranger, qui compte ſur votre fortune.... il eſt vrai que l'état où vous êtes.... mais un mariage comme celui-ci, penſez donc ce que c'eſt.... avoir fait ce voyage pour un mariage, & ſans fortune encore.... mais, mon Dieu, elle reprend ſes maux; voilà des convulſions, je ſuis au déſeſpoir.... Oui, ma fille, je conſens à ce que tu deſires; écoutez donc, ma fille.... elle ne m'entend plus; oui, vous vous épouſerez, vous vous aimerez ſi vous voulez. Oh Ciel! elle ſe meurt! (*on s'empreſſe de la ſecourir*)

Mlle. DE VALCOUR *revenant à elle.*

Oui, ma mère, je vous ai entendue; vous me rappellez à la vie, vous consentez à mon bonheur; M. de Surville, vous m'aimerez toujours, je vous donne ma main, vous avez déjà mon cœur. *(Surville se jette aux genoux de mademoiselle de Valcour)*

Mad. DE VALCOUR.

Mais nous ne concluerons rien qu'à Paris, nous verrons encore après notre retour, tu examineras....

Mlle. DE VALCOUR.

Tout est examiné, ma mère, je vous en conjure, rendez-vous à nos vœux; après ce que je viens de dire, pourriez-vous encore... Ma mère, une seconde fois je vous devrai la vie.

Mad. DE VALCOUR.

Enfin, soit, j'y consens.... mais il est bien sûr que la santé....

FREDERIC.

M. le Docteur dit que mademoiselle sera bientôt guérie si madame laisse faire le mariage; mais il donnera encore des remèdes.... voilà l'heure du dîner.

FIN.

LES
RENTES VIAGERES,

Proverbe en un Acte.

ACTEURS.

M. DURINET.

Mademoiselle JULIE, fille de M. Durinet.

M. MATHIEU CROCHET, usurier.

Mademoiselle FANCHETTE LE DRU.

M. SIXAIN.

M. DURIVAL père.

La Scène est au bureau de M. DURINET.

LES RENTES VIAGERES, PROVERBE.

SCENE PREMIERE.

M. DURINET *seul à son bureau, calculant.*

TROIS mille quatre cent, deux mille six cent, cela ne va pas mal depuis quinze jours, & avec cette fureur de rentes viagères, cela ira loin, il faut profiter du moment; trois mille cinq cent trente-sept liv. dix sols... Hier fut un bon jour, & aujourd'hui je n'espère pas moins, au bout du compte on se fait un capital, & puis on amasse, on amasse, & quand on a bien amassé.... on amasse encore, & puis on se retire quand tout est en sûreté.... quatre sols, six deniers....

SCENE II.

JULIE & DURINET.

JULIE.

MON père, comme vous vous êtes levé de bonne heure! si matin au travail! j'ai peur que vous ne vous fassiez du mal....

DURINET.

Que veux-tu, ma fille, il faut bien faire quelque chose pour s'occuper, un jour tu seras bien aise de ce que je fais.... deux mille trois cent quarante à neuf pour cent, c'est trop... huit & demi neuf sols trois deniers... S'il vient quelqu'un, il faut faire entrer tout de suite au moins, je crois que l'on a renvoyé quelqu'un hier, j'attendois M. Crochet.

JULIE.

On fera entrer tout le monde; je voudrois bien aussi vous dire quelque chose, mon père.

DURINET.

Eh bien qu'est-ce? quelque robe? quelqu'argent? je n'en ai point, je ne veux pas que l'on dépense, & je n'ai pas le temps;

va, mon enfant. Quinze & neuf font vingt-quatre, & ſix...

JULIE.

Ma mère dis bien que je devrois être mieux miſe, & que tant que nous aurons l'air pauvre, perſonne ne penſera à nous; mais, mon père, vous ſavez bien M. Durival, il vient ici quelquefois.

DURINET.

Veut-il faire des rentes viagères, qu'il apporte de l'argent, comptant au moins.

JULIE.

Il ne m'en a rien dit encore, mais je crois qu'il voudroit vous parler, il voudroit vous propoſer....

DURINET.

Rien, rien ſans argent comptant, point de crédit; des lettres-de-change à court terme à la bonne heure.

JULIE.

Il fera ce qu'il pourra, mais, mon père, c'eſt, je crois, qu'il penſe à moi.

DURINET.

Eh bien qu'eſt-ce que cela me fait? je ne penſe point à lui, moi.

JULIE.

J'ai voulu être la première à vous en parler, & ſavoir votre volonté, ma tendreſſe pour vous....

DURINET.

Ne veux-tu pas te mettre dans la tête de te marier? es-tu si pressée? à peine vingt-huit ans; allons, tu n'y penses pas, oui! une dot accommoderoit bien mes affaires!

JULIE.

Oh il prendra des rentes viagères tant que vous voudrez, il mettra tout à fonds perdus, il les aime beaucoup, M. Durival, & puis il est si honnête homme, il vous aideroit, vous auriez beaucoup moins de peine.

DURINET.

Oui, il prendroit la moitié de mes profits; mon enfant, cela ne se peut pas à présent & ne convient point à mes affaires, dans sept ou huit ans nous verrons, les capitaux seront rentrés, on saura ce que l'on a, & s'il ne se fait point retranchement encore.

JULIE.

Ce n'est pas pour moi, mon père; mais M. Durival dit qu'il me convient tout-à-fait, & maman le dit aussi, elle doit vous en parler.

DURINET.

Voilà une bonne nouvelle à m'apprendre! & si ma femme se met aussi ce mariage par la tête, ce sera une bonne affaire! où prendrai-je les fonds? encore une fois cela ne se peut pas, dis-le à ta mère, & n'en parlons plus : il semble que ce n'est rien que de sortir une dot; diminuer son commerce, un capital & le dix pour cent encore; impossible, va mon enfant : j'ai beaucoup à travailler aujourd'hui, laisse-moi; mais j'entends quelqu'un; ah, c'est M. Crochet. Bonjour, M. du Crochet, quel bonheur de vous voir! je vous cherche depuis long-tems, j'avois une affaire à vous proposer; mais vous êtes si difficile.

SCENE III.

DURINET, CROCHET.

M. CROCHET, *en habit d'usurier, un sac d'argent à la main.*

Moi, point du tout, M. Durinet, je ne demande pas mieux que de faire des affaires.

DURINET, *qui a vu le sac.*

Mais, vous avez l'air fatigué; mettez-vous donc là?

CROCHET.

C'est que je viens de la rue d'enfer, & j'ai là un sac assez pesant.

DURINET.

Voyons, qu'est-ce? une somme en argent; pourquoi aussi ne prenez-vous pas de l'or? (*il veut prendre le sac*)

CROCHET.

Non, non, ne vous donnez pas la peine; il y en a bien aussi de l'or, mais on ne peut pas prendre ce qu'on veut, il faut bien prendre ce qu'on trouve. Vous faites toujours des rentes viagères, M. Durinet?

DURINET.

Mais vous savez, il y a une souscription

ouverte

ouverte, fort avantageuſe ; trente jeunes filles bien choiſies, le neuf pour cent, jouiſſance de trois mois, bon change ; il ne faut pas perdre le moment : j'aime avoir à faire avec vous, M. Crochet, vous êtes coulant.... (*il paſſe du côté du ſac*) Ah ! ſi vous aviez là une groſſe ſomme !

CROCHET. (*il met le ſac de l'autre côté*)

Ce n'eſt pas grand choſe, il y a ſeulement ſix cent cinquante huit louis trois quart un huit tant or qu'argent.

DURINET.

Il y a de quoi faire une jolie conſtitution, & ſi vous en vouliez davantage, il y a bon crédit, M. Crochet, il y a bon crédit, tenez, je vais compter. (*il paſſe du côté du ſac*).

CROCHET. (*le met de l'autre côté*).

Tout à l'heure, M. Durinet, tout à l'heure, ces trente filles, dites-vous ?

DURINET.

Sont bien choiſies, bien examinées de père & de mère ? quelle inquiétude pouvez-vous avoir ?

CROCHET.

Ah ! c'eſt que ce ne ſont pas des filles d'autres fois, M. Durinet !

DURINET.

Non, ce ſont les plus jeunes, ça vit

long-tems, & l'on fait cinq ou six capitaux.

CROCHET.

C'est qu'il me semble que ces filles d'aujourd'hui ne doivent pas vivre aussi long-tems qu'autrefois : voyez comme elles se coiffent ! tantôt c'est à l'hérisson, des pouf, des angora ! & que sais-je moi toutes les bêtes qu'elles se mettent sur la tête ! & ces grands chapeaux ! on ne peut plus voir si elles ont bon visage ; tantôt ce sont des robes troussées sur le derrière, ou des capotes, à les prendre pour des hommes. Autrefois, c'étoient de bonnes barettes, qui ne mettoient pas tant la tête à l'air, & des robes simples sans falbalas ; tout cela étoit beaucoup plus sain, M. Durinet ; & à cause des rentes viagères, on devroit faire des loix sur la coiffure des filles ?

DURINET.

Vous avez raison, M. Crochet, vous êtes un homme qui pensez solidement ; en attendant, ça vit très long-tems, & celles qui ne se marient pas vivent comme les autres ; les rentrées sont sûres.

CROCHET

Ne pourroit-on pas mettre sur quelque chose de plus solide que sur des filles ?

DURINET.

Vous y penſerez, M. Crochet; donnez-moi toujours votre argent, vous avez trois mois pour choiſir, & l'intérêt courra.

CROCHET.

Allons, ſoit, le neuf pour cent vous dites?

DURINET.

Sans doute, & les fraix? voyons toujours votre ſac? (*il veut prendre le ſac*)

CROCHET. (*il le paſſe de l'autre côté*)

Un moment, un moment, je vais vous le remettre tout à l'heure. Et les fraix, dites-vous?

DURINET.

Oui les fraix, & trois mois de jouiſſance! c'eſt de l'or en barre! la meilleure affaire! tout le monde s'y jette.

CROCHET.

Ce ſont les fraix qui m'embarraſſent; moi, tenez, M. Durinet, je n'aime pas les fraix.

DURINET.

Ne voulez-vous pas que l'on faſſe les choſes pour rien? cela ne ſeroit pas juſte, & vous ſavez bien....

CROCHET.

Vous avez raiſon, vous avez bien raiſon. (*il regarde ſon ſac*) Ce ſont ces diables de fraix, je n'y avois pas penſé, les fraix!

DURINET.

Mais oui les fraix! la commiſſion, c'eſt un petit objet....

CROCHET.

C'eſt préciſément ce que je n'aime pas que les fraix. Ah ça, M. Durinet, votre très-humble ſerviteur: quand vous ſerez ſans fraix..

DURINET.

Quelle folie! Ecoutez donc, M. Crochet, je ſuis coulant....

CROCHET *en s'en allant.*

Ces maudits fraix....

DURINET.

Oh! quel diable d'homme! voilà l'affaire échappée; (*en ſe remettant à ſon bureau*) il en viendra d'autre....

SCENE IV.

DURINET & JULIE.

JULIE.

MON père, voilà un billet que l'on envoie....

DURINET.

Mon enfant, il ne faut pas m'interrompre ; voyons, qu'eſt-ce que c'eſt ? *(il lit)* Mon cher ami, nous faiſons la partie d'aller à la campagne chez madame Desbroc, il ne tiendra qu'à toi d'en être, nous avons une place, nous irons te prendre. Adieu, le vin de Bordeaux & de Champagne n'y manqueront pas. Oui, mes affaires ſeront finies ; dis que j'irai, & que je les attends; & pour que la choſe ne manque pas, tiens, Julie, fais donner au meſſager quatre bouteilles de vin de Bordeaux, & deux de Champagne ; va, ils ſeront agréablement ſurpris, & il y aura de la joie. Faire ſes affaires le matin, ſe divertir le ſoir avec ſes amis, c'eſt une vie délicieuſe. Julie, Julie, il n'y a pas beſoin de rien dire à ta mère, je ne reviendrai pas fort tard, tu lui tiendras compagnie ; & s'il venoit quelqu'un pour vous voir, vous ferez dire que je n'y ſuis pas, & vous irez vous coucher de bonne heure.

JULIE.

Oui, mon père; cependant M. Durival comptoit....

DURINET.

Mon enfant, je ſuis extrêmement preſſé, j'ai beaucoup à écrire, il faut que j'expédie; ſois contente, nous verrons une fois, fais ſeulement ce que je te dis, tu verras, va; il y a bien à faire à ſe défendre contre ſa femme & contre ſes enfans. *(il ſe remet à ſes livres)*

SCENE V.

DURINET, FANCHETTE LE DRU.

FANCHETTE *en habit de petite bourgeoiſe.*

Monſieur, je ſuis votre ſervante.

DURINET.

Mademoiſelle.... eh bien, qu'eſt-ce que vous voulez, je ne vous connois pas?

FANCHETTE.

Je m'appelle Fanchette le Dru, Monſieur; n'eſt-ce pas ici que l'on fait....

DURINET.

Rien pour vous, à ce que je crois, mademoiſelle Fanchette le Dru; dites vîte ce que vous voulez, & allez vous en.

FANCHETTE.

On m'a dit que Monſieur faiſoit des.... des rentes viagères.

DURINET.

Eh bien! qu'eſt-ce que cela vous fait?

FANCHETTE.

C'eſt qu'il y a M. Colin, Monſieur.

DURINET.

Après, ce M. Colin a-t-il de l'argent? qu'il l'apporte? & allez vous en, mon enfant, j'ai des affaires.

FANCHETTE.

Oh ! il eſt charmant ce M. Colin ! il eſt jeune, grand, bien fait, il eſt ſi honnête homme, & il a beaucoup.... (*Durinet écoute*) d'amitié pour moi Monſieur.

DURINET.

Je ne ſaurois qu'y faire, & ſi vous n'avez rien d'autre à dire....

FANCHETTE.

Ma mère, Monſieur, ne veut pas en entendre parler, elle dit comme ça que quand on n'a pas beaucoup d'argent, il ne faut pas s'aimer ; & c'eſt l'argent qui nous manque.

DURINET.

Et à moi auſſi; adieu, mon enfant.

FANCHETTE.

Et voilà qu'elle dit toujours qu'il n'y a qu'à avoir des rentes viagères, & que lorſque l'on peut en avoir, on eſt bien vîte riche, & qu'on a toujours de quoi vivre ; & comme on m'a dit que vous en faiſiez, Monſieur, je voulois vous prier de m'en faire un peu.

DURINET.

Oui, ſans argent ſans doute !

FANCHETTE.

Eſt-ce qu'il faut de l'argent pour devenir

riche ? Monſieur, aidez-nous un peu, M. Colin & moi nous vous en remercierons toute notre vie ; ſeulement un peu de ces rentes viagères, on dit que vous les faites ſi bien ?

DURINET.

Mon enfant, vous m'ennuiez, point d'argent, point d'affaires.

FANCHETTE.

Oh ! Monſieur, de l'argent s'il en faut abſolument, j'en ai bien un peu, je ne ſuis pourtant pas ſi pauvre, j'ai bien une petite ſomme que j'ai amaſſée.

DURINET.

Eh bien ! c'eſt parler cela ! Oui, amaſſer, & on a quelque choſe. Voyons cette ſomme.

FANCHETTE.

Je ne ſais ſi j'oſerois vous la confier, Monſieur, il faut que je conſulte M. Colin.

DURINET.

Que craignez-vous ! cette ſomme eſt auſſi bien entre mes mains que dans les vôtres ; elle vous rapportera une bonne rente.

FANCHETTE.

Et nous pourrons nous marier, Monſieur ?

DURINET.

Ce feront vos affaires, voyons toujours l'argent.

FANCHETTE.

Vous me ferez, Monfieur, un billet, un contrat, un papier, nous ferons bien sûrs.

DURINET.

Très-sûrs, par main de notaire; donnez donc.

FANCHETTE *cherchant dans une bourfe.*

Eh bien, Monfieur, voilà un petit écu....

DURINET.

Ah! vous vous moquez de moi, mademoifelle, allons, bon jour.

FANCHETTE.

Monfieur, nous ferons fi heureux, Monfieur Colin & moi.

DURINET.

Et moi fans vous, allez, allez, mademoifelle: voilà bien du temps perdu, mais j'efpère que je vais le réparer, voici quelqu'un qui a affez bonne façon.

SCENE VI.

DURINET, SIXAIN.

M. SIXAIN *en équipage de joueur.*

MONSIEUR, votre très-humble.

DURINET *sans se lever.*

Votre serviteur, Monsieur; c'est M. Sixain, je crois, à qui j'ai l'hon....

SIXAIN.

A vous rendre service, Monsieur, je voudrois vous consulter sur de l'argent à placer.

DURINET *va au-devant de Sixain.*

Ah! Monsieur, de l'argent à placer; mettez-vous donc là, je vous prie, de l'argent... Mais, Monsieur, couvrez-vous donc, je vous en prie, il fait froid aujourd'hui.

SIXAIN.

J'ai quelques sommes....

DURINET.

Quelques sommes... Je crois, Monsieur, que vous seriez mieux sur ce fauteuil, vous êtes mal là.

SIXAIN, *il s'assied.*

Fort bien, Monsieur, fort bien; hier,

j'eus un moment de bonheur, je voudrois mettre de l'argent en sûreté.

DURINET.

Des capitaux, Monſieur, des capitaux je comprends qui ſont rentrés, c'eſt qu'ils ſont très-incommodes les capitaux, il faut toujours les placer, on perd du temps, il faut des sûretés.

SIXAIN.

Ce n'eſt pas cela, je perdois depuis long-temps & la fortune....

DURINET.

Ah! des rentes accumulées ſans doute, voilà l'eſprit, Monſieur, accumuler, accumuler, & puis placer, on ne peut mieux faire, & le moment eſt bon.

SIXAIN.

Il le fut hier pour moi — une banque heureuſe, (*il lui donne une bourſe*) ſi vous voulez compter.

DURINET *en comptant.*

C'eſt une folie de laiſſer ſon argent en banque, cela ne rend rien, il faut le faire travailler, Monſieur, il faut le faire travailler.... & je vous aiderai : (*il compte*) cinq cent & dix.

SIXAIN.

Oui, mais le bonheur eſt ſi rare! (*il lui donne encore une bourſe*). Comptez encore celle-la, Monſieur, il y avoit long-temps que j'attendois une veine; enfin, elle eſt venue, & hier dans une heure....

DURINET.

Dans une heure, Monſieur!....

SIXAIN.

Oui, j'ai gagné tout cela; tenez, comptez encore; (*il lui donne encore une bourſe*) & je veux mettre quelque ſomme de côté, placer en rentes viagères.

DURINET.

Dans une heure vous avez gagné tout cela, & moi je travaille du matin au ſoir depuis des années! ne prenez-vous point d'aſſocié, Monſieur?

SIXAIN.

C'eſt que vous ne haſardez rien, M. Durinet; il faut ſavoir mettre à propos ſon argent ſur une carte, voyez encore ce qu'il y a là dedans; (*il lui donne encore un petit ſac*) toute cette ſomme, par exemple.

DURINET.

Toute cette ſomme ſur une carte? Ah! Monſieur, vous me faites frémir! j'aime mieux plus de tems & plus de ſûreté; ceci, ſont tous de vieilles eſpèces, des pièces rares; c'eſt bien dommage d'avoir hazardé tout cela, & ſi c'étoit perdu, quel chagrin!

SIXAIN.

Oui, vous aimez mieux prendre un peu de l'argent des autres que de hazarder beaucoup du vôtre. Chacun ſon goût, M. Durinet. Eh bien ! combien tout cela fait-il ?

DURINET.

Monſieur, je fais auſſi gagner les autres; ne voulez-vous pas que j'y perde ? ſomme totale dix-ſept cent trente-ſept louis trois quart, & une vieille piſtole qui n'eſt pas de poids.

SIXAIN.

Cela ne fait pas un compte rond, il me ſemble, j'aime les comptes ronds.

DURINET.

Oh ! Monſieur, je vous l'arrondirai, & avec cela il y a du crédit.

SIXAIN.

Je ne connois que celui des vingt-quatre heures, & je penſe que ce ſoir.... (*il reprend les bourſes*) J'ai encore une partie... je dois tailler... je gagnerai de quoi arrondir la ſomme, je n'aime pas les fractions. (*il recache les bourſes*) On ſait ce que c'eſt qu'un compte rond.

DURINET.

Mais, Monſieur, vous manquerez le

moment ; demain les affaires auront changé, tout ſera plus cher, penſez y bien.

SIXAIN.

Je veux avoir les deux mille louis bien complets, il ne faut preſque rien. A demain, Monſieur, je reviendrai ſans y manquer ; parlez-moi des comptes ronds....

DURINET.

Diable t'emporte avec ton compte rond! oui, à demain, tu n'auras plus le ſou ; au lieu de laiſſer ſon argent entre mes mains! Mais que veut le père de Durival ?

SCENE VII.

DURINET, DURIVAL.

DURIVAL.

AH, M. Durinet ! que je vous embrasse ! que je suis enchanté de vous voir ! c'est que vous vous portez....

DURINET.

Quelquefois assez bien ; Monsieur, votre serviteur.

DURIVAL.

C'est ce que je dis, vous êtes parfaitement ; j'entends des gens qui disent, M. Durinet travaille trop, il se fera du mal : savez-vous ce que je leur dis ; M. Durinet fait trop bien pour se faire mal ?

DURINET.

Je fais quelques affaires.

DURIVAL.

Il y a long-tems que nous nous connoissons, M. Durinet, je disois bien, vous êtes un homme admirable, & si quelqu'un disoit ; mais il est difficile, on a de la peine à avoir à faire avec lui ; je leur dirois en propres termes, vous ne le connoissez pas ; mais vous avez peut-être des affaires dans ce moment.

DURINET

DURINET.

Vous ſavez, on a toujours quelque occupation.

DURIVAL.

C'eſt ce que je dis, des rentes viagères! Il y a des gens qui diſent, ça ne vaut rien, on perdra tout, on fera banqueroute; ſavez-vous ce que je leur dis, voyez M. Durinet, faites comme lui; c'eſt que vous faites des affaires excellentes, ça va tous les jours.... hier, je ſuis sûr que vous avez fait pour.... que ſais-je?.....

DURINET.

Oui, hier, cela fut aſſez bien.

DURIVAL.

Et je vous dis aujourd'hui encore mieux; j'ai toujours dit, vous ferez l'homme le plus riche; & quand on me diſoit, il faut attendre, il y a bien de la peine, bien des inquiétudes; vous ne ſavez pas ce que je répondois, la fin conſole de tout; & ſi vous me diſiez ceci ou cela, je vous dirois, courage, mon ami, courage; & à propos de cela je voulois vous dire une affaire.

DURINET.

J'en ai de fort preſſées dans ce moment; je n'ai pas trop le tems.

DURIVAL.

C'eſt ce que je diſois, pas trop le tems, des ſpéculations, mais j'en veux faire moi auſſi des rentes viagères; & ſi on me diſoit... mais il faut de l'argent, je leur dirois, eh bien! il en viendra; n'a-t-on pas toujours quelqu'héritage à attendre? vous ſavez bien, & ſi on vous dit quelque choſe, dites hardiment que vous connoiſſez ma façon de penſer; moi je voudrois tout vous confier, capitaux, intérêts; & je veux vous propoſer une ſpéculation.

DURINET.

Je ne puis pas trop....

DURIVAL.

Je vais vous dire de quoi il s'agit, nous avons des enfans, comme vous ſavez; ſi vous me dites, mais ma fille, mais votre fils; je vous dirois, mais ils s'aiment, mais ils ſe conviennent; votre fille a quelque choſe, direz-vous? mon fils a des eſpérances, dirai-je? en attendant, nous ne vous demandons rien?

DURINET.

Et ils vivront.... de quoi je vous prie?.... Je ne puis rien ſortir de mes affaires, dans huit ou dix ans peut-être; pour aujourd'hui, ſerviteur.

DURIVAL.

Mais.... c'eſt que c'eſt bien dit cela ; & ſi mon fils me diſoit, mais mon père parci, mais mon père par-là ; voici ce que je lui dirois ; mon fils, fais comme M. Durinet, avoit-il quelque choſe lui ? & en attendant nous ne leur donnerons rien, ils attendront ; & voici comme j'ai imaginé la ſpéculation..., écoutez-moi bien, ils feront les têtes, & vous ferez les rentes, vous n'aurez pas beſoin d'aller chercher ailleurs, c'eſt que cela ſera très-commode, on ſait avec qui on a affaire ; & ſi on vous diſoit....

SCENE dernière.

JULIE & les Précédens.

JULIE.

MON père, je me joins à Monſieur, pour obtenir votre conſentement, vous ſavez que vous l'avez fait eſpérer à M. Durival ; il ne veut plus vous importuner, vos affaires n'en ſouffriront point, nous ſerons tous heureux.

DURIVAL.

C'eſt ce que je diſois ; on s'arrange, on s'accommode ; & ſi on vous dit, mais la dot, mais les affaires, je leur dirai : travaillez, amaſſez ; & avec cela, M. Durinet, vous ne ferez pas une ſi mauvaiſe affaire.

JULIE.

Mon père, rendez-vous à nos ſollicitations ? faire des heureux eſt auſſi une ſpéculation, je vous aſſure.

DURINET.

Les enfans ſont faits pour déranger toutes les affaires. Mon enfant, cela ne ſe peut pas, il faut attendre la rentrée des capitaux.

DURIVAL.

Je voudrois vous dire une choſe, Monſieur, ce n'eſt pas que je veuille dire que vous ayez tort ; car ſi on me diſoit pourquoi, M. Durinet, ceci, pourquoi, M. Durinet, cela : je leur dirois en quatre mots, il a raiſon, il fait ce qu'il fait ; mais, Monſieur, prenez garde à une choſe, les filles ſont comme les lettres de change, elles n'ont qu'un tems, il ne faut pas les laiſſer proteſter.

DURINET.

Oui, voilà de bonnes affaires !

JULIE.

Mon père, donnez ſeulement votre conſentement, vous ſerez le maître de tout, on ne vous demandera rien ; mais je vais prier ma mère de joindre ſes prières aux nôtres. (*elle s'en va*)

DURINET.

Oui! Il ne manquoit plus que cela, elle me fera donner une dot. Julie, Julie, eh bien! ſoit, je me rends, je conſens à ton mariage; mais on ne me forcera à rien, & vous vous arrangerez.

DURIVAL.

Je le diſois bien, M. Durinet eſt un galant homme, & ſi vous me diſiez que nous ne ſommes pas très-contens, qu'il n'y a pas du plaiſir à avoir à faire avec vous, je dirois tout franc qu'il n'y a qu'à attendre: touchez-là, Monſieur, voilà paroles données, & je ne dirai plus qu'un mot, c'eſt que ſi madame Durinet. . . .

DURINET.

Je romps tout, ſi ma femme s'en mêle; je veux être le maître de tout.

JULIE.

Mon père, vous ſerez content de nous, & nous vous bénirons.

DURINET.

Mais voilà l'heure où ces Meſſieurs devoient me prendre pour cette partie de campagne.

JULIE.

Il y a un moment qu'ils ont paſſé, ils

étoient bien fâchés de n'avoir point de place.

DURINET.

Comment, ils ont passé ! ils sont allés sans moi ! & mon vin ?

JULIE.

Ils ont dit que si vous ne veniez pas, ils boiroient à votre santé ; mais, mon père, restez avec nous, les heureux que l'on fait valent mieux que les amis que l'on cherche.

DURINET.

Oh ! la maudite journée. (*Il s'en va*).

JULIE.

Monsieur, que M. votre fils sache les dispositions de mon père, & qu'il vienne s'assurer des espérances qu'il nous a données.

DURIVAL.

Je dirai seulement que s'il me disoit... ma foi ce qu'on dit dans ces occasions-là, alors on pourroit dire ; mais je vous dirai, mademoiselle, ce que j'ai entendu dire souvent, c'est que les jours se suivent & ne se ressemblent pas, & alors... (*Il suit Julie qui s'en va*).

FIN.

PROVERBE
DES
PENSIONNAIRES.

ACTEURS.

CÉPHISE.

CONSTANCE.

AMINTE.

ALEXANDRINE.

La Scène eſt dans une chambre où il y a une toilette, & où des femmes ſe ſont habillées.

PROVERBE
DES
PENSIONNAIRES.

SCENE PREMIERE.

ALEXANDRINE, *ſeule.*

CÉPHISE & Conſtance ſont déjà ſorties, ah quelles étoient belles! comme elles ſont bien coëffées, de grandes conſidérations, de beaux manteaux, & des chapeaux d'une grandeur! c'eſt pour aller dans le monde; qu'elles ſont heureuſes! jamais je ne ſerai comme cela, moi. Depuis que je ſuis venue de la campagne où j'ai paſſé ma vie, je n'entends parler que d'aſſemblée, de bals, de jeu, de ſouper, & on me dit, petite fille apprenez votre leçon; ſi vous êtes bien ſage, vous irez voir votre grand'-mère, & quand j'y vais on me met une vilaine robe, un petit chapeau. Je rencontre de belles Dames parées, qui tiennent toute la rue, & des Meſſieurs aſſez jolis, qui ne me regardent pas, excepté pourtant M.

Lindor qui m'a déjà abordé deux ou trois fois : eſt-ce que je ſerai encore bien long-temps petite fille ? Je crois auſſi que je ne ſuis pas riche, il faut bien de l'argent pour être belle, cependant il me ſemble que Conſtance & Céphiſe n'en ont pas beaucoup ; elles ſont grandes filles, & alors on fait ce qu'on veut, mais les voilà qui rentrent déjà, pourquoi reviennent-elles ſi vîte ?

SCENE II.

ALEXANDRINE, CÉPHISE, CONSTANCE.

CÉPHISE.

AH te voilà, Alexandrine, tu me raccommoderas un peu mes plumes & mon chapeau, qui eſt je crois tout dérangé derrière.

CONSTANCE.

Alexandrine, regarde un peu ma robe, il me ſemble qu'elle eſt mal arrangée & la cappe de mon manteau ne va pas bien.

CÉPHISE *ſe regardant à la toilette.*

Je ſuis coëffée à faire peur, mes cheveux ne ſont point aſſez en avant, voilà pourquoi il a paſſé ſans nous rien dire.

CONSTANCE.

Je ne voulois pas mettre cette robe aujourd'hui, elle me va horriblement mal; à peine nous ont-ils regardé en paſſant.

CÉPHISE.

Je le ſavois bien; on ne peut jamais avoir le bon perruquier, & alors perſonne ne fait attention à nous, il a paſſé tout droit, il étoit bien diſtrait.

CONSTANCE.

Quand je n'ai pas ma robe garnie de gaze, j'ai l'air d'un chiffon, ils n'ont pas fait ſemblant de nous voir, il m'auroit été impoſſible de ne pas rentrer pour me rajuſter. Tiens, Alexandrine, arrange un peu le falbalas de ma jupe.

ALEXANDRINE *en arrangeant.*

Mais qui donc, mesdemoiſelles, avez-vous rencontré? eſt-ce M. le préſident? quelqu'étranger peut-être?

CÉPHISE *avec ironie.*

Conſtance! M. le préſident, un vieux magiſtrat! Ah je ne crois pas que ce ſoit pour lui que je me coëffe, par exemple.

ALEXANDRINE.

Ah! je comprends, c'eſt M. le Doyen de la paroiſſe.

CONSTANCE *avec ironie.*

Céphise, M. le Doyen! quel enfant! un vieux eccléſiaſtique; oui, c'eſt bien pour lui que je mettrai ma robe de gaze! tout au plus ma robe en chemiſe.

ALEXANDRINE.

Ah je ſais, c'eſt M. votre oncle & M. votre grand-père.

CÉPHISE & CONSTANCE *enſemble.*

Eſt-ce que tu l'as vu? eſt-ce qu'il a paſſé par ici?

ALEXANDRINE.

Mon Dieu non, mais je cherche qui eſt-ce qui vous a rencontré & qui ne vous a pas trouvées belles; pour moi, je vous trouve d'une beauté!

CÉPHISE.

Dis-moi, Conſtance, n'as-tu pas remarqué que Lindor avoit un air bien extraordinaire; il eſt malade, je crois.

CONSTANCE.

Je les crois tous deux fort mal, ils avoient l'air ſi froid, ſi diſtrait, ils pourroient bien être morts tous les deux dans quelques jours.

CÉPHISE *ſe regarde & s'ajuſte.*

Oh! c'eſt ma coëffure qui va horriblement mal.

CONSTANCE.

C'eſt ma robe qui eſt affreuſe.

ALEXANDRINE.

Oh! mesdames, ce n'eſt sûrement pas M. Lindor que vous avez rencontré, car jamais je ne le vois qu'il ne m'aborde & qu'il ne me diſe toutes ſortes de politeſſes; il m'accompagne toujours juſques chez ma grand'mère.

CÉPHISE.

C'eſt pour ſavoir de nos nouvelles, pour s'informer de ce que nous faiſons.

CONSTANCE.

Afin de pouvoir nous ſuivre où nous allons.

ALEXANDRINE.

Je vous aſſure que hier il vint aborder ma tante avec qui j'étois à la promenade, eh bien il ne nous a pas dit un mot de vous.

CÉPHISE.

La pauvre petite campagnarde ne voit pas qu'il n'oſoit s'expliquer devant tout le monde.

CONSTANCE.

Ne crois-tu pas qu'ils ſoient ce ſoir à l'aſſemblée? on dit qu'elle ſera très-brillante; nous les verrons, nous jouerons avec eux.

CÉPHISE.

Je m'étonne ſi Doriſe y ſera avec ſa belle ro[illegible]de d'oie ; avec ſa longue taille & ſa groſſe ſanté, elle croit pouvoir mettre tout ce qu'elle veut : ſi elle vient ſe mettre près de moi, je la fuirai bien vîte.

ALEXANDRINE.

Quoi ! mesdemoiſelles, Doriſe qui a une ſi belle taille & un ſi beau teint, eſt-ce qu'elle n'eſt pas charmante ?

CONSTANCE.

Mon Dieu que tu es bête, Alexandrine ; crois-tu, Céphiſe, que Stella y ſoit avec ſes gros yeux bleus & ſon air intéreſſant ? ah je me mettrai loin d'elle, elle empêche toujours qu'on ne m'adreſſe la parole, c'eſt toujours un bruit autour d'elle ! Regarde un peu ſi je ſuis bien arrangée à préſent.

CÉPHISE *ne regarde pas & ſe regarde elle-même.*

A merveille, ma chère amie ; vois un peu, je te prie, ſi mes cheveux tombent aſſez bas.

CONSTANCE *ſans regarder de même.*

Ils vont parfaitement bien : allons, nous avons encore quelques viſites à faire. Adieu, Alexandrine, apprends bien ta fable.

CÉPHISE.

Adieu, petite, fais bien ta leçon ; tu diras

que l'on nous attende, nous reviendrons, je crois, dans la nuit, un peu tard; on nous retiendra à souper, je pense.

SCENE III.

ALEXANDRINE *seule.*

APPRENDS bien ta fable.... est-ce qu'il faut savoir des fables pour aller dans le monde! est-ce qu'elles en disent à ces Messieurs!.... fais bien ta leçon.... Me voilà bien heureuse! pendant qu'elles vont se divertir...; que de plaisirs elles vont avoir! elles plairont, on leur dira toutes sortes de jolies choses; elles joueront, elles riront.... oh! je les entends, elles sont d'une gaieté!... Qu'on est heureuse d'être dans le monde! on me le disoit bien à la campagne, qu'il n'y avoit de plaisir qu'à la ville, que l'on ne s'amusoit qu'à la ville, que l'on n'avoit de l'esprit, que l'on n'étoit aimable qu'à la ville; voilà huit jours que j'y suis, & je n'ai rien vu encore de tout cela.... oh! je ne serai jamais belle! hélas! c'est que je n'ai rien de ce qu'il faut pour l'être, il faut tant de choses.... je crois pourtant que si je me coëffois peu.... je veux essayer; ces

Demoiſelles n'ont pas tout employé, voilà encore bien des fleurs; elles ont tant d'ajuſtemens!... (*elle ſe met à la toilette*) voyons que je mette cette guirlande ſur ma tête, elle eſt bien jolie... & ma fable?... je l'apprendrai bien en me coëffant... Maître corbeau, ſur un arbre perché.... Cette fleur ira mieux là, je crois.... tenoit en ſon bec.... cette boucle ne veut pas s'arranger.. un fromage... les cheveux ne ſont pas encore aſſez en avant.... maître renard.... il faut de la poudre rouſſe, je crois.... par l'odeur.... ah! de la poudre d'odeur, la voilà.... maître renard, par l'odeur alléché.... A préſent, il faut beaucoup de rouge.... alléché.... (*elle ſe met beaucoup de rouge*) lui tint à peu près ce langage, hé bonjour.... (*elle ſe regarde au miroir*) il ſemble que cela ne va pas mal, & que je ſuis aſſez jolie; à préſent il me faudroit un grand mouchoir de gaze, oh! beaucoup de gaze! (*elle cherche*) alléché... hé bonjour M. du Corbeau.... & la conſidération, il faut abſolument une groſſe conſidération, ces Demoiſelles n'en ont point laiſſée; oh! jamais je n'aurai de conſidération, avec quoi pourrois-je en faire une?...

SCENE

SCENE IV.

AMINTE, ALEXANDRINE.

AMINTE *en manteau un sac à ouvrage à la main.*

MON Dieu, ma chère Alexandrine, que faites-vous? est-ce que vous voulez vous déguiser?

ALEXANDRINE.

Ah! ma chère Aminte, que je suis fâchée que vous me surpreniez dans ce moment (*elle se décoiffe*). Mais, tenez, j'ai vu Céphise & Constance si belles, si bien mises, si contentes d'aller dans le monde, que j'ai voulu voir si je pourrois faire comme elles, on me dit toujours que je suis une petite fille, & cela commence à m'ennuyer.

AMINTE.

Vous avez bien tort, ma chère Alexandrine; vous regretterez peut-être un jour l'âge heureux où vous êtes, vous pouvez être bien trompée sur les plaisirs que vous vous attendez à avoir dans le monde.

ALEXANDRINE.

Oh! ma chère amie, cela ne se peut pas; ces Demoiselles, par exemple, sont si belles, elles se sont données tant de peine pour l'être, qu'il eſt impoſſible que cela ne leur procure pas beaucoup de plaiſir ; depuis quelques jours que je ſuis ici, je n'entends parler que de plaiſirs, & quand on en parle, c'eſt qu'on en a.

AMINTE.

Et quand on en parle, c'eſt que ſouvent on n'en a point. Pauvre enfant ! vous vous laiſſez éblouir par ce qui brille, & le bruit vous étourdit.

ALEXANDRINE.

Je vois bien que vous ne penſez pas comme ces Demoiſelles, vous avez toujours un air tranquille, ſerein, content ſi vous voulez ; mais je ne ſais pas ſi vous vous divertiſſez, vous n'allez preſque jamais dans le grand monde, à peine ſavez-vous les modes. Vous ne faites rien vous, & Céphiſe & Conſtance ſont toujours occupées ; le matin, des billets, des coiffeuſes, des marchandes de modes, des chanſons qu'elles étudient, c'eſt charmant ; & le ſoir, ce ſont des viſites, des aſſemblées, on les voit paſſer d'un bout de la ville à l'autre ; oh ! que je me réjouis de faire comme elles ! tout le monde peut faire comme vous !

AMINTE.

Je ſuis fâchée, ma chère amie, que les

fausses idées que vous avez là-dessus troublent le bonheur dont vous pourriez jouir dans le plus beau moment de votre vie ; je vous le répéte, dans tout cela il y a beaucoup de bruit, & fort peu de plaisir.

ALEXANDRINE.

Je ne puis le croire ; la toilette, par exemple, est une occupation charmante, vous en conviendrez : on est un peu jolie, eh bien, avec un peu de mode, un peu de coiffure on paroît belle, il est bien permis de faire valoir ce que l'on a.

AMINTE. (*elles s'asseient*)

Je conviens qu'en se mettant à son miroir, souvent mécontente de son visage, il est assez doux de se raccommoder avec lui, en ajustant ce qui doit le parer ; à chaque épingle, à chaque boucle de cheveux on gagne quelque chose, on finit par se trouver fort bien, & par être contente de soi ; il en résulte une confiance qui tranquillise ; mais, qu'arrive-t-il ? c'est que souvent on a bien de la peine à trouver le point que l'on cherche ; on croit n'être jamais assez à la mode, on trouve toujours quelqu'un qui est mieux ; après bien de la peine on est très-parée sans être très-jolie ; on a mille raisons de s'en douter, & on jetteroit la toilette par les fenêtres, si on n'avoit quelqu'espérance d'être mieux une autre fois.

ALEXANDRINE.

Eh bien! il n'y a qu'à ne pas se donner tant de peine, & se mettre bien simplement, on doit être alors au goût de tout le monde. Je crois qu'il faut toujours être gaie en se coiffant, la gaieté rend adroite; mais pour les visites, vous avouerez que c'est un grand plaisir, on va voir ses amis, on leur fait des amitiés, des caresses, ils vous disent mille choses intéressantes que vous êtes bien aise de savoir.

AMINTE.

Oui, ces amis que l'on va voir, on est au désespoir de les trouver chez eux, on fait ce qu'on peut pour les manquer, & on a le cœur bien satisfait quand on peut laisser une carte, & ne voir personne; si on a le malheur de trouver ses amis chez eux, on dit deux mots de la pluie & du beau tems, deux autres sur l'histoire qui court, à laquelle on ne manque pas d'ajouter quelque chose, & on se sauve bien vîte.

ALEXANDRINE.

J'ai bien de la peine à me persuader cela; mais les assemblées, vous ne nierez pas qu'on n'y trouve infiniment de plaisir; des femmes toutes plus belles les unes que les autres qui vous aiment ; des hommes charmans qui veulent vous plaire, dites-moi comme cela se passe, je ne le comprends pas bien, mais ne me trompez pas.

AMINTE.

Quand on s'est parée aussi bien que l'on a pu, & suivant la plus nouvelle mode, on arrive dans un grand cercle de femmes, toutes bien rangées en rond; elles se regardent avec beaucoup d'attention & disent peu de chose, on tache réciproquement de se trouver extraordinaires, & on y réussit assez bien.

ALEXANDRINE.

Mais les hommes viennent cependant; il sont tous là bien gais, charmans, il me semble que je les vois s'empresser de plaire aux femmes, de les amuser, & s'occuper d'elles.

AMINTE.

Souvent ils n'en ont ni le temps ni la volonté, & ce n'est pas ceux qui sont les plus gais qui inspirent le plus de gaieté, ni ceux qui se donnent le plus de peine qui plaisent le mieux : ensuite on se met au jeu.

ALEXANDRINE.

Ah! c'est à présent qu'on se divertit, les

jeux, vous conviendrez que cela eſt gai, c'eſt-là le moment du plaiſir, oh! que je me réjouis d'y être!

AMINTE.

Oui, on ſe met autour d'une table de jeu & on eſt deux heures enſemble pour ſe diſputer quelqu'argent.

ALEXANDRINE.

Comment, de l'argent?

AMINTE.

Oui, de l'argent que l'on gagne, ou que l'on perd.

ALEXANDRINE.

Du vrai argent que vous mettez dans votre poche; par exemple, M. Lindor me gagnera mon argent, & il le mettra dans ſa poche?

AMINTE.

M. Lindor, ou tel autre, vous gagnera votre argent, & il s'en ſouciera auſſi peu que vous vous ſoucierez du ſien.

ALEXANDRINE.

Et il faudra que je me faſſe bien belle pour aller donner mon argent à M. Lindor; oh j'en ſerois bien fâchée.

AMINTE.

Vous ferez comme les autres, Alexandrine; le jeu eſt devenu néceſſaire dans la ſociété ; à l'intérêt du cœur & à cauſe de la diſette de l'eſprit, il a bien fallu ſubſtituer l'intérêt de l'argent, c'eſt un objet d'attaque & de défenſe, que l'on met en action, & qui devient piquant même pour ceux qui ont le plus d'eſprit, c'eſt un délaſſement amuſant, où l'amour propre eſt toujours un peu intéreſſé.

ALEXANDRINE.

Vous direz peut-être auſſi du mal des ſoupers, des ſociétés, vous dénigrerez les bals même, & vous voudrez me faire croire que c'eſt à la campagne que l'on s'amuſe.

AMINTE.

Ma chère amie, je ne dénigre rien, je voudrois ſeulement réduire les choſes à leur juſte valeur dans votre eſprit : le plaiſir & l'ennui peuvent ſe trouver partout, ils dépendent beaucoup des prétentions & de l'ambition que l'on a, & des diſpoſitions où l'on ſe trouve.

ALEXANDRINE.

Ah il me ſemble que je ne m'ennuierois jamais ſi je trouvois toujours M. Lindor & ſi j'étois bien belle, bien parée.

AMINTE.

Vous êtes un enfant, les agrémens de

la ſociété dépendent du bon eſprit & de l'amitié que l'on y porte; ſi l'amitié vient à manquer, l'ennui ſera bien près : pour moi, je tâche de jouir de tout, je ris de mes ridicules comme de ceux des autres, ſeulement je préfère la réunion de quelques amis à l'aſſemblage d'un grand nombre de perſonnes ſouvent indifférentes. Ce ſoir, par exemple, je vais chez une amie, il y aura peu de monde, on y trouvera de l'amitié, de la confiance, de la gaîté, & point de prétention.

ALEXANDRINE.

Et vous croyez que l'on s'amuſera? il y aura des hommes, qu'eſt-ce qu'ils feront?

AMINTE.

Il y aura des hommes qui ſeront aimables par leur caractère bon & modeſte, & par leur eſprit doux & facile; c'eſt dans les petites ſociétés que l'on jouit mieux du caractère & de l'eſprit de ſes amis, & on en revient preſque toujours contente.

ALEXANDRINE *en s'approchant & confidemment.*

Et dites-moi, ma chère amie, les mariages où ſe font-ils? vous ſavez, je ſuis une pauvre campagnarde, je ne ſais rien; oui, dites-le moi, où eſt-ce qu'ils ſe font, eſt-ce au bal, au ſouper, à l'aſſemblée peut-être?

AMINTE.

Vous me faites rire avec votre queſtion: d'abord les mariages ſe font beaucoup en l'air, enſuite au bureau de ceux qui comptent les dots; mais vous êtes un enfant, vous ne devez pas encore penſer à cela.

ALEXANDRINE.

Il eſt vrai que je n'en ai point encore entendu parler, & depuis huit jours que je ſuis ici, il n'a été queſtion que des plaiſirs qu'on ſe promettoit, & de la peine qu'on ſe donnoit pour en avoir : il me ſemble cependant que les mariages....

AMINTE.

Il n'y a que huit jours que vous êtes ici & il y en a ſix que M. Lindor ne ceſſe de parler de vous, il paroît enchanté de votre air ſimple & naturel, il fait l'éloge de votre ingénuité, de votre eſprit bon & naïf, je ne crois pas qu'avec cela vous vous faſſiez beaucoup aimer de meſdemoiſelles Céphiſe & Conſtance.

ALEXANDRINE.

Je ſerois bien fâchée qu'elles n'euſſent pas de l'amitié pour moi, je voudrois qu'elles m'appriſſent à me coëffer & à paroître dans le monde, j'ai peur que l'on ne voie que je viens de la campagne; & dites-moi, ma chère amie, quand croyez-vous que je sois assez grande fille pour aller dans le monde.

AMINTE.

Ma chère Alexandrine, tâchez de paroître toujours ce que vous êtes: vous ne le verrez que trop-tôt, ce monde que vous desirez: en attendant, apprenez toujours votre fable, vous pourrez souvent en faire l'application. Adieu.

SCENE V.

ALEXANDRINE *seule.*

Elle m'a bien dérangée avec ses idées raisonnables; je crois, cependant, qu'elle n'a pas tort, j'aime aussi tout ce que Céphise & Constance me disent; je me réjouis de les revoir, elles me conteront tous leurs plaisirs, & puis je ferai comme elles, mais les voilà, comment! elles reviennent déjà!

SCENE VI.

CÉPHISE & CONSTANCE *entrent & se jettent chacune sur une chaise en se tournant le dos.*

ALEXANDRINE.

AH, mesdemoiselles, je suis bien aise de vous revoir; eh bien, vous avez eu bien du plaisir, comme vous vous êtes amusées! vous êtes si belles! vous avez eu la foule autour de vous, contez-moi tout cela, je vous en prie, je voudrois tout savoir..... que vous êtes heureuses! mais vous ne me dites rien.... vous avez l'air d'être fâchées, c'est peut-être contre moi, j'en ai peur... je m'en vais. *(Elle sort).*

CÉPHISE, *après un moment de silence.*

Mais qu'est-ce que vous aviez toujours à lui parler à l'oreille ?

CONSTANCE.

Moi, point, je crois que c'est lui qui me parloit, je ne l'ai pas été chercher, je pense.

CÉPHISE.

J'ai bien vu votre manège; parce que vous n'aviez pas votre plat Damon; je le savois bien, j'étois si mal coëffée, je veux absolument avoir ce perruquier qui coiffe Dorise, on ne peut jamais l'avoir.

CONSTANCE.

Si Damon est plat, Lindor est un peu léger, & je trouve qu'il a raison.

CÉPHISE.

Je me soucie fort peu de vos sarcasmes, je vous assure que j'ai bien ri avec Orphise de votre coquetterie avec Lindor.

CONSTANCE.

Coquetterie! je ne reçois pas & je n'écris pas tant de billets le matin, & des coups d'œil!... je ne sais pas comment cela s'appelle. Je serois fâchée d'avoir dans les yeux un certain clignotement. Je vous assure que j'en ai bien ri avec Damon.

CÉPHISE.

Il est assez bête pour rire de tout.

CONSTANCE.

J'ai cru que ce soir vous le trouviez un peu aimable.

CÉPHISE.

Il ne manquoit plus que d'entendre des méchancetés après être presque morte d'ennui, c'étoit ma coiffure, j'étois horriblement coiffée, je suis d'une colère!

CONSTANCE.

Croyez-moi, ma pauvre Céphise, n'ayons

point de colère, ſavez-vous de quoi Lindor me parloit à l'oreille ? d'Alexandrine, dont il eſt enchanté, il paroît prendre à elle le plus grand intérêt, & je crois qu'il l'aime véritablement, il m'a fait mille queſtions ſur tout ce qui la regarde : je me ſuis bien moquée de lui, mais rien n'a pu le diſtraire.

CÉPHISE.

Il penſeroit à cette petite campagnarde ! il a trop de goût, & j'ai pu en juger juſqu'à préſent, j'étois mal coiffée aujourd'hui, vous dis-je, j'étois mal coiffée, il faut ſi peu de choſe pour déranger un homme qui a du goût.

SCENE VII.

CONSTANCE, CÉPHISE, AMINTE.

AMINTE *entre en riant.*

AH ! ah ! ah !

CÉPHISE.

Eh bien de quoi riez-vous donc ainſi, Aminte !

CONSTANCE.

Mais, oui, qu'eſt-ce que vous avez ?

AMINTE.

Je ne ſais, meſdames, ſi vous en rirez comme moi, cependant c'eſt très-plaiſant.

Je rentrois pour prendre un livre que j'avois oublié, j'ai trouvé la porte du jardin ouverte, & j'ai cru voir quelqu'un qui y entroit ; par curiosité, je l'ai suivi : j'ai apperçu Lindor qui se couloit le long du grand mur pour joindre Alexandrine qui couroit comme un enfant dans la grande allée, je me suis cachée derrière la charmille ; je ne sais ce qu'ils se sont dit d'abord, mais quand ils ont été près de moi, elle lui disoit : Non, Monsieur, je ne vous aime pas, mais point du tout, & qu'est-ce que cela vous fait ? je ne suis qu'une petite fille, je suis venue à la ville pour m'instruire, & je veux être instruite, & quand vous serez instruite ? a dit Lindor ; Oh alors, a répondu la petite, je demanderai à mademoiselle Céphise & à mademoiselle Constance comment elles sont pour plaire. Non, belle Alexandrine, a repris Lindor, il ne faut consulter personne ; ne parlez que d'après votre sentiment, est-ce que vous ne pourrez jamais aimer un homme comme moi ? oh jamais, jamais.... je ne sais pas, c'est beaucoup jamais, a-t-elle répondu en riant, & ils se sont éloignés, je n'ai plus rien entendu, mais j'ai pu remarquer qu'ils s'aiment. En m'en allant j'ai fermé brufquement la porte du jardin, je penfe que je les aurai un peu dérangés, mais j'ai bien ri de leur converfation, & de la naïveté d'Alexandrine.

CÉPHISE.

Je ne vois pas ce qu'il y a là de fi rifible, c'eft une fotte petite fille que cette Alexandrine, avec fon air naturel, c'eft une petite friponne, ou je fuis bien trompée; au refte je parierois que ce n'eft pas d'elle que Lindor lui parloit.

CONSTANCE.

Il parloit de nous affurément, qu'eft-ce qu'il pourroit dire à un enfant, à une petite fille mal élevée.

AMINTE.

Mais vous favez que M. Lindor doit fe marier, que fes parens l'en preffent beaucoup & l'exigent; c'eft par un mariage qu'il doit affurer de très-grands biens qu'il attend, & il peut penfer à Alexandrine comme à toute autre perfonne; mais la voilà.

SCENE VIII.

AMINTE, CÉPHISE, CONSTANCE, ALEXANDRINE.

CÉPHISE.

D'où venez-vous petite fille !

CONSTANCE.

Oui, où avez-vous été, mademoiselle ?

ALEXANDRINE.

Où j'ai été ? mais.... j'ai été au jardin.

CÉPHISE.

Et quoi faire, au jardin ?

CONSTANCE.

Par le temps qu'il fait on ne va pas au jardin, & il eſt preſque nuit.

ALEXANDRINE.

J'aime prendre l'air par tous les temps, comme à la campagne.

CÉPHISE.

Et toute ſeule ſans doute ?

CONSTANCE.

Il n'y avoit perſonne, je penſe, au jardin?

ALEXANDRINE.

Oh pardonnez-moi, M. Lindor s'y eſt trouvé, je ne ſais comment.

CÉPHISE.

Je ne ſais comment ! c'eſt fort joli d'aller au jardin avec des hommes.

CONSTANCE

CONSTANCE.

De donner des rendez-vous & à un jeune homme, encore; il faudra en avertir vos parens.

ALEXANDRINE *pleure.*

Mon Dieu eſt-ce qu'il y a du mal, quand on trouve quelqu'un au jardin? Je ne le ſavois pas, moi, je ne le lui avois pas dit.

CÉPHISE.

Oui, mais quand vous l'avez vu, vous êtes reſtée.

CONSTANCE.

Il falloit nous appeler, nous aurions d'abord été là.

AMINTE.

Ne pleurez pas, ma chère Alexandrine; je ſuis témoin de votre innocence, mais il eſt quelquefois dangereux d'être trop innocente.

ALEXANDRINE.

Ce n'eſt pas ma faute à moi, ſi je ſuis innocente; on ſait bien que je ſuis ici pour me former, je fais ce que je peux, je l'ai bien dit à M. Lindor.

SCENE XI.

UN DOMESTIQUE, LES PRÉCÉDENS.

UN DOMESTIQUE.

VOILA un billet pour mademoiſelle Alexandrine.

CÉPHISE.

Ah, mademoiſelle, un billet, c'eſt fort joli, vous n'êtes pas ſi innocente.

CONSTANCE.

Une lettre, ſans adreſſe, encore, c'eſt bien vilain; mais ce n'eſt peut-être pas pour elle.

ALEXANDRINE.

Je ne ſais pas ce que c'eſt, je ne veux pas la voir.

CÉPHISE.

Il n'y a qu'à l'ouvrir.

CONSTANCE.

Oui, nous verrons ce que c'eſt & à qui elle appartient, elle eſt peut-être pour moï.

AMINTE.

Mesdames, comme vous êtes un peu intéreſſées à la choſe, c'eſt moi qui dois ouvrir cette lettre, je jugerai à qui elle appartient : *(elle prend la lettre)*. Voyons, lisons.

Mademoiselle, je suis si enchanté de la bonté de votre cœur & de la naïveté de votre caractère, que depuis que je vous ai quittée, je n'ai pu m'empêcher de rentrer chez moi pour vous le dire, vous m'avez donné l'idée d'une femme simple & naïve & c'est ce qu'il faut à mon bonheur; je vous aime passionnément, mademoiselle, & si vous n'avez aucune répugnance pour moi, je suis décidé de m'adresser à vos parens pour vous offrir mon cœur & ma fortune. S'ils acceptent ma proposition, & si vous ne me refusez pas, je leur demanderai seulement de ne pas vous laisser à la ville plus long-temps, & de vous retirer auprès d'eux à la campagne, jusqu'au moment qu'ils auront fixé pour mon bonheur. Ne me faites aucune réponse dans ce moment; demain j'irai la chercher moi-même, je serai bien heureux si vous n'avez aucune raison de vous opposer à ma demande : vous serez toujours la maîtresse de vous décider & de faire le bonheur du plus passionné des hommes. Lindor.

CÉPHISE.

Mais ce n'est peut-être pas encore pour elle.

CONSTANCE.

Oui, il n'y a perſonne de nommé.

AMINTE.

Pardonnez-moi, il y a encore; adieu, belle Alexandrine.

CÉPHISE.

Ah le ſot homme. (*Elle ſort*).

CONSTANCE.

Ah le plat Monſieur avec ſon bonheur de campagne. (*Elle ſort*).

AMINTE.

Ma chère Alexandrine, il faut apprendre tout cela à vos parens, & leur remettre cette lettre, je crois que vous ne ferez pas de grandes oppoſitions & vous allez faire envie à toutes les Demoiſelles de la ville; Lindor eſt un homme charmant, d'un caractère excellent & prodigieuſement riche; vous ſerez très-heureuſe.

ALEXANDRINE.

Je ſuis fâchée de quitter la ville, je n'ai encore rien vu, rien appris.

AMINTE.

Ma chère enfant, vous n'y reviendrez que trop tôt, & avec vos bonnes qualités vous n'avez pas beſoin de rien apprendre pour vous faire aimer.

FIN.

DIALOGUE DES ANGES.

ACTEURS.

Les Anges représentés par quatre jeunes Demoiselles.

GABRIEL.

URIEL.

RAPHAEL.

MICHEL.

DIALOGUE
DES
ANGES

Qui a été joué dans une ſoirée chez madame De Ch. *où l'on avoit repréſenté en décoration un chant du paradis perdu de* Milton.

SCENE PREMIERE.

RAPHAEL & URIEL. *Ils entrent chacun de leur côté.*

RAPHAEL.

AH te voilà, Uriel ! je croyois que tu étois avec l'ange gardien, que tu lui aidois à recevoir les bons Anges & à chaſſer les mauvais.

URIEL.

C'eſt ce que j'ai fait juſques à préſent, mais dans ce moment il n'y a plus rien à faire, les bons Anges ſont entrés, & nous avons épouvanté les mauvais ; d'ailleurs, l'ange gardien fait bien les distinguer, ils sont aisés à reconnoître.

RAPHAEL.

Cependant depuis la grande révolte on dit qu'ils sont devenus bien fins, & qu'ils savent fort bien se déguiser. A la mine, ce sont des Anges, on s'y fie, & quand ils tiennent quelqu'un, ils sont terribles, ils le déchirent : dis-moi, je t'en prie, à quoi peut-on bien reconnoître les mauvais Anges.

URIEL.

Tu es bien neuf, mon pauvre Raphael ! je crois que tu es précisément de ces bons anges qui se laissent attraper : écoute, d'abord, les mauvais ont la langue pointue, bien pointue, ils donnent des coups de bec, ce qui est aisé à sentir, comme tu comprends ; ensuite ils ont dans l'esprit ce qu'on appelle de la critique, ce qu'on apperçoit d'abord.

RAPHAEL.

De la critique ! tu me fais peur, qu'est-ce que c'est que cela, je n'en ai jamais entendu parler dans ce pays.

URIEL.

C'est ce méchant Belzébuth qui l'a inventée ; avant lui, on ne la connoissoit pas, on jouiſſoit de ce qui étoit bon, on avoit pitié de ce qui ne l'étoit pas, & de l'indulgence pour ceux qui ne faiſoient pas auſſi bien qu'ils auroient voulu.

RAPHAEL.

Et aujourd'hui !

URIEL.

Aujourd'hui les mauvais anges critiquent tout, ils diſent que les Drames ſont de mauvaiſes pièces, qu'il faut peindre des caractères & non pas des ſituations romaneſques; les proverbes ils les mépriſent: tiens, par exemple, tu ſais comme nous nous amuſons; nous rions, nous chantons, nous cherchons la gaîté ſimple & naïve beaucoup plus que l'eſprit, notre amitié eſt ſans envie, ſans jalouſie, nos plaiſirs ſans méchanceté; nos amuſemens ſont ceux de l'innocence. Eh bien, ces anges critiques diſent que nous nous aimons fort peu, & que nous ne nous amuſons point.

RAPHAEL.

Oh comme ils mentent! & qu'eſt-ce que cela leur fait!

URIEL.

C'eſt qu'ils ne s'amuſent jamais qu'aux dépends des autres, & qu'ils ſont jaloux des plaiſirs qu'ils n'ont pas, ils diſent que nous rions trop fort, que les anges comme il faut ne rient pas, & que les anges du bon ton ne doivent que ſourire; tiens, comme cela, par exemple, en pinçant la bouche (*elle imite le rire précieux*); enſuite ils ſe moquent de nos chanſons, parce que ce ſont des vaudevilles que nous faiſons nous-mêmes; ils diſent qu'elles ſont fades, parce que c'eſt le cœur qui les dicte, & puis, vois-tu les méchans, ils ajoutent encore que nous chantons bien l'amour & l'amitié, mais que nous n'en avons point.

RAPHAEL.

Oh les menteurs! je veux regarder tous les anges à la langue pour connoître les bons, ce Belzébut fait bien du mal, il ne faut qu'un mauvais ange pour gâter tout un paradis; mais voilà l'ange Gabriel, où eſt-ce qu'il va?... Où allez-vous, ange Gabriel, avec cet air content & preſſé?

SCENE II.

LES MEMES & GABRIEL.

GABRIEL.

Je vais porter là-bas une grande nouvelle, vous avez bien entendu parler du paradis perdu, d'un homme qui a dit que le paradis étoit perdu, c'étoit un fou cet homme; il a débité cent mensonges sur nous, on l'a cru, & on va toujours cherchant les anges & le paradis: eh bien, je vais apprendre aux hommes que si le paradis étoit perdu, le paradis est retrouvé.

URIEL.

Ce sera une grande nouvelle; mais comment ferez-vous? les hommes sont un peu difficiles en paradis, est-ce que vous les y mettrez tous? ou est-ce que vous ferez à chacun le sien?

GABRIEL.

Je leur apprendrai à le faire eux-mêmes, & je les mènerai à ceux qui sont faits.

RAPHAEL.

Comment, tous les hommes? ah que cela est charmant, comme je m'en réjouis.

GABRIEL.

Oh que non, pas tous les hommes, il y en a trop peu qui le méritent, je prendrai le petit nombre de ceux qui ont un bon eſprit; je leur mettrai le cœur ſur les lèvres, & la bonté dans l'ame, & je les mènerai chez madame de Ch. Tu comprends qu'il n'y aura qu'une petite ſociété; d'abord, on aura le plaiſir de ſe trouver enſemble, enſuite il y aura une bonne collation, enſuite on dira tout ſimplement ce qu'on penſe.

URIEL.

Et après?

GABRIEL.

Après on lira quelque choſe de nouveau que l'on aura reçu ou que l'on aura fait, on s'entretiendra de ce qu'on ſait & auſſi de ce qu'on ne ſait pas.

URIEL.

Et après.

GABRIEL.

Après ils ſouperont, il y aura un ſouper fort bon & fort ſimple.

URIEL.

Et après?

GABRIEL.

Après ils chanteront des chanſons nouvelles, ou bien celles qu'ils auront faites.

URIEL.

Et après.

GABRIEL.

Après... après... ils s'en iront & ils arracheront encore du paradis ce qu'ils pourront.

RAPHAEL.

Eh bien, mon ange, je connois un paradis préciſément comme celui-là, c'eſt dans une petite ville parmi les montagnes; il y a de bons anges qui raſſemblent autour d'eux ceux qui ont envie de le devenir, mais je te promets qu'il s'y mettra, il y il y a long-temps qu'il y tâche.

GABRIEL.

Qui donc?

URIEL.

De qui veux-tu parler?

RAPHAEL.

Lui.... tu ſais bien.

URIEL.

Non, je ne ſais ce que tu veux dire.

RAPHAEL.

Quoi! tu ne comprends pas?... celui qui ſe met partout pour tout gâter, celui qui fait enrager les filles, qui se fourre dans les ménages, qui trouble les sociétés, qui dérange les plaisirs, que l'on trouve si souvent à son chemin, le père des obstacles.... le Diable, enfin.

GABRIEL.

Le Diable ! quoi, le Diable se trouveroit dans cette jolie société ! cela ne se peut pas.

URIEL.

Je ne le connois pas, mais on dit bien que dès qu'il y a du plaisir quelque part, il tâche d'y être.

GABRIEL.

Oh, il est capable de tout avec ceux qui desirent quelque chose ; moi, je ne l'ai jamais vu.

URIEL.

Ni moi non plus, je voudrois bien savoir cependant comment il est fait.

RAPHAEL.

On dit qu'il prend toutes sortes de figures, & qu'il n'est jamais plus Diable que quand il ne paroît pas l'être, plus il est joli, plus il est méchant, enfin on ne sait plus à qui se fier pour se divertir ; mais voilà l'ange Michel qui a commandé des armées contre lui ; il a vu les machines dont il se sert pour faire la guerre, car il a inventé le canon, & tout ce qui fait du mal : sûrement l'ange Michel l'aura vu, il nous dira comment il eſt fait.

SCENE III.

RAPHAEL, URIEL, GABRIEL, MICHEL.

MICHEL.

EH bien, les anges, vous voilà à cauſer comme des jeunes filles, au lieu de chanter toujours.

GABRIEL.

Et encore, vous ne ſavez pas de quoi nous cauſons !

MICHEL.

Oh cela n'eſt pas difficile à deviner, depuis la grande révolte, depuis que la guerre eſt déclarée, on n'a plus que le même ſujet de converſation, chacun veut avoir ſon avis, on s'aſſemble pour le dire, c'eſt le Diable partout, & quand on eſt ſeule, c'eſt bien pis encore, le paradis a perdu bien du terrein.

URIEL.

Et dites-nous, ange Michel, en avez-vous vu de ces méchans esprits? comment sont-ils faits? ne pourriez-vous pas m'en montrer un à moi? oui, je voudrois voir le Diable, mais seulement de loin, je ne voudrois pas qu'il m'approchât de trop près.

RAPHAEL.

Oui, racontez-nous comment il est; est-il grand? est-il gros? blanc ou noir?

URIEL.

On dit qu'il a là, sur la tête, au front.... *(elle fait un signe pour exprimer les cornes).*

GABRIEL.

J'ai entendu dire qu'il étoit bien méchant avec les cornes.

RAPHAEL.

Oh c'est un traître on dit aussi qu'il a là, là derrière, une grande... *(elle fait un signe avec la main pour exprimer la queue).*

GABRIEL.

Et des griffes; elles ne sont jamais plus de mal que quand on ne les voit pas.

URIEL.

Ange Michel, racontez-nous bien tout cela, je vous en prie.

MICHEL

MICHEL.

Ah! mes pauvres anges comme vous êtes curieux! vous en avez peur, & vous avez envie de le voir; vous vous défendriez bien mal, s'il vous attaquoit, & cependant je venois vous propofer de vous engager avec moi, contre lui.

URIEL & RAPHAEL *enfemble.*

Contre lui?

MICHEL.

Oui, contre lui, il nous a déclaré la guerre, il faut fe défendre; nous nous armerons, nous l'empêcherons d'approcher, nous nous tiendrons bien fur nos gardes pour qu'il ne nous furprenne pas.

RAPHAEL.

Et comment fait-il pour furprendre?

MICHEL.

D'abord il prend une jolie figure, un air bien doux; enfuite il dit des chofes qui font plaifir, & tout d'un coup on fent la griffe là *(elle montre le cœur)*.

URIEL.

Ah le méchant, & comment fait-on pour s'en défendre?

MICHEL.

Il faut toujours avoir l'air fâché, faire la mine, lever les épaules, pouffer les coudes comme cela, hem! enſuite on s'enferme entre quatre murailles, on ne voit perſonne.

RAPHAEL.

Entre quatre murailles, ne voir perſonne! mais il n'y auroit pas de courage à cela, on auroit l'air d'avoir peur, il vaut mieux ſe défendre ſoi-même & corps à corps.

URIEL.

Il me ſemble bien, ange Michel, que le remède feroit pire que le mal, & s'il entroit dans les quatre murailles, on ne pourroit plus l'en chaſſer : oh je veux le voir face à face, on ſait à qui l'on a à faire.

GABRIEL.

Vous avez raiſon, les anges; il faut s'expoſer pour apprendre à ſe défendre, & puis il n'eſt peut-être pas ſi diable qu'il eſt noir; je crois qu'il faut le prendre par la douceur, je veux le voir la première, je vais courir le monde, & j'en rencontrerai bien un; je voudrois ſeulement bien ſavoir à quoi on peut le reconnoître; dites-le moi, ange Michel?

RAPHAEL.

Pour moi, je veux abſolument en voir un, pour ſavoir ſi j'aurois peur, ah je ne crois pas qu'il ose approcher; mais où se tient-il, je vous prie?

URIEL.

Oui, où est-il à présent? on avoit dit qu'il y en avoit un dans notre société du samedi, seroit-il possible?

MICHEL.

Oui, mes chers anges, il y en a un.

URIEL & RAPHAEL *ensemble.*

Il y en a un?

GABRIEL.

Oh j'ai bien cru qu'il y seroit, il va partout; & dites-moi, ange Michel, a-t-il des cornes celui-là.

MICHEL.

Ils n'en ont pas tous, & ceux qui n'en ont pas sont quelquefois bien les pires, surtout quand ils viennent de France, & particulièrement de Provence.

URIEL.

De Provence?

RAPHAEL.

De Provence? c'est pour cela que c'est un si bon pays; & comment est-il fait celui-là de Diable?

GABRIEL.

Je veux aller le chercher & le voir moi-même, ſi nous cauſons ſi long-temps l'ennui ſe mettra dans le paradis, & c'eſt bien le pire de tous les diables. (*Il s'en va*).

SCENE VI.

RAPHAEL, URIEL, MICHEL.

MICHEL.

JE vais vous conter comment il eſt fait, écoutez-moi: (*ils s'approchent pour écouter*) il a....

RAPHAEL & URIEL *crient enſemble de peur.*

MICHEL.

Eh bien qu'avez-vous donc ?

URIEL.

J'ai cru qu'il étoit là.

RAPHAEL.

J'ai cru le voir & l'entendre, mais ce n'eſt rien; il a, dites-vous?

MICHEL.

D'abord il a les yeux noirs comme du charbon ; oui, comme du charbon, il ſemble que c'eſt du feu.

URIEL.

Du feu dans les yeux! c'eſt bien méchant.

RAPHAEL.

C'eſt bien traître ! & dites-moi eſt-il bien grand ?

MICHEL.

Je ne ſais pas s'il eſt bien grand, mais quand il eſt quelque part on ne regarde que lui, on n'écoute que lui, il occupe tout.

URIEL.

Oh je comprends, il a l'air terrible.

RAPHAEL.

Oui, il fait peur quand il parle, on n'oſe pas lui répondre.

MICHEL.

Non, au contraire, il a l'air doux, on a du plaiſir à le voir, & encore plus à l'entendre, on voudroit qu'il parlât toujours; il écoute auſſi ce qu'on lui dit, mais c'eſt précisément alors....

URIEL.

Oh bien, ange Michel, je ne crois pas que ce ſoit-là un diable, quel mal fait-il?

RAPHAEL.

Oui, a-t-il mis quelqu'un en enfer?

MICHEL.

Oh, laiſſez-le faire & vous verrez; demandez aux hommes, ils diſent tous que c'eſt un diable; écoutez les femmes, elles ſoutiennent que c'eſt un démon.

URIEL.

Mais encore, quel mal fait-il?

RAPHAEL.

Oui, quel péché?

MICHEL.

Comment, quel péché! pendant qu'on ſoupe, il dit mille jolies choſes qui font rire, & on a deux plaiſirs à la fois; enſuite il chante des chanſons qu'il tire toutes de ſa tête, & que l'on retient par cœur, c'eſt bien là le diable, vous en conviendrez; & l'autre jour ne diſoit-il pas en chantant des couplets qu'il avoit faits lui-même, *Soupe qui veut chez l'amitié*, & *Couche qui peut chez l'amour*; les femmes penſoient bien ce qu'il diſoit, mais il n'y avoit que les hommes qui oſaſſent en rire, c'eſt bien là ſon ouvrage, vous en conviendrez: fiez vous à lui après cela.

URIEL.

En vérité, ange Michel, je crois que vous n'y entendez rien; ſi les diables ſont faits ainſi, il y en a bien peu dans le monde, il faudroit qu'il y en eut beaucoup plus, & je voudrois toujours ſouper & chanter avec eux: on ſoupe bien ſouvent ſans le voir, & quelquefois le ſouper eſt donné au diable, & par ceux qui le donnent, & par ceux qui le mangent.

RAPHAEL.

Pour moi, ange Michel, je vous avouerai que je ne me ſoucie pas du paradis s'il n'y a pas un peu de ces diables dont vous parlez; & au lieu de les chaſſer, il faut les inviter, car je vous aſſure qu'il en faut à nos anges: on ſe plaira d'avantage, on s'aimera mieux, & le diable ne ſera point de mal, il n'y aura d'enfer que pour ceux qui voudront nous tromper, & peut-être que nous pourrons bien le leur rendre.

URIEL.

Je voudrois en avoir un à moi, ſeulement pour le bien tourmenter, s'il vouloit faire du mal s'entend.

RAPHAEL.

J'eſpère, ange Uriel, que celui que vous voulez avoir, n'eſt pas celui qui me perſécute quelquefois, je ſaurai bien le tourmenter ſans vous.

MICHEL.

Ah le voilà qu'il va ſe mettre entre vous deux; prenez-y garde, mes anges, mais vous n'avez rien à craindre auſſi long-temps que vous ſerez avec nos anges tutélaires, elles connoiſſent bien les diables, elles les verront venir, elles maintiendront la paix dans notre paradis.

Et ſi le paradis eſt perdu ſur la terre
Nous ſaurons le trouver chez notre ange Ch***.

MICHEL

AUX SPECTATEURS.

Sur l'air *du* VAUDEVILLE *de la chercheuſe d'eſprit.*

Nous voudrions être des Anges
Comme le cœur avoir l'eſprit,
Nous chanterions mieux vos louanges.
Mais notre ciel n'eſt qu'en petit,
Ici, l'on boit; ici, l'on mange,
Le Paradis eſt où l'on rit.

GABRIEL.

On nous dit que ſur la terre
On cherche en vain le Paradis.
Et que le Diable fait la guerre
Tantôt aux jeux, tantôt aux ris.
Mais le méchant aura beau faire
Il n'ira point aux ſamedis.

URIEL.

Du Paradis voyez l'image,
Ici, les cœurs ſont réunis,

L'on est ici tous du même âge;
Sans fard, on plait; sans art, on rit,
L'amour y vient pour être sâge
L'amitié fait ce qu'elle dit.

RAPHAEL *aux Mères.*

Le Paradis est de vous plaire,
En vous plaisant, nous amuser,
Vous étes nos anges sur terre.
Ne cessez point de nous aimer,
Les nœuds que le plaisir resserre
Sont ceux qu'il faut faire durer.

Fin du second & dernier volume.

TABLE

Des pièces contenues dans le Tome premier.

TOME SECOND.

www.ingramcontent.com/pod-product-compliance
Ingram Content Group UK Ltd.
Pitfield, Milton Keynes, MK11 3LW, UK
UKHW021100260726
13994UKWH00002B/621